高职高专土建类工学结合"十三五"规划教材

建筑工程资料管理实训

（第二版）

主　编　兰凤林　黄恒振
参编人员　罗晓林

华中科技大学出版社
中国·武汉

图书在版编目(CIP)数据

建筑工程资料管理实训/兰凤林,黄恒振主编.—2版.—武汉:华中科技大学出版社,2016.2(2023.12重印)
高职高专土建类工学结合"十三五"规划教材
ISBN 978-7-5680-1544-8

Ⅰ.①建… Ⅱ.①兰… ②黄… Ⅲ.①建筑工程-技术档案-档案管理-高等职业教育-教材
Ⅳ.①G275.3

中国版本图书馆 CIP 数据核字(2016)第 004732 号

建筑工程资料管理实训(第二版)
Jianzhu Gongcheng Ziliao Guanli Shixun(Di-er Ban)

兰凤林　黄恒振　主编

策划编辑：金　紫
责任编辑：陈　骏
封面设计：原色设计
责任校对：曾　婷
责任监印：朱　玢

出版发行：华中科技大学出版社(中国·武汉)　　电话：(027)81321913
　　　　　武汉市东湖新技术开发区华工科技园　　邮编：430223
录　　排：华中科技大学惠友文印中心
印　　刷：武汉市籍缘印刷厂
开　　本：787mm×1092mm　1/16
印　　张：18
字　　数：397千字
版　　次：2023年12月第2版第6次印刷
定　　价：55.00元

本书若有印装质量问题，请向出版社营销中心调换
全国免费服务热线：400-6679-118　竭诚为您服务
版权所有　侵权必究

内 容 提 要

本书共有五个实训环节。实训环节一为施工准备阶段资料的编制；实训环节二为施工阶段土建工程资料的编制；实训环节三为施工阶段安装工程资料的编制；实训环节四为施工阶段监理资料的编制；实训环节五为施工阶段安全资料的编制。其中土建部分的资料涉及的表格较多，安装工程的资料则由于工程规模的限制，主要针对建筑电气和给排水两个分部工程。另外，工程变更单、技术核定单、技术经济签证核定单等现场性较强的表格本书也没有涉及，如果教学方面有需求，建议采用案例教学。

本书主要作为高职高专土建类专业的教学练习册或集中实训练习用书，也可以作为从事工程建设的技术人员、管理人员的岗位培训操作教材或参考用书。

前　言

资料管理是当今建设工程实施过程中必不可少的一项现场管理工作，是项目管理工作的重要组成部分。资料员随之成为现场必须设置的一个工作岗位。资料管理课程也是各院校许多专业都开设的一门必修课。

鉴于在现在的工程实践过程中，原本属于质检员或技术负责人等岗位应该完成的施工资料的编写工作均要求资料员完成，所以资料员的工作不仅是收集、整理、保管、组卷和移交资料这么简单，而是要花更多的精力和时间去编制资料。因此，只有能熟练地编写资料、填写表格的人，才能胜任资料员岗位。基于此，各院校在这门课程的教学过程中需要实行理论和实践一体化教学，方能让学生将理论和实践结合起来。本书正是在这种背景下应运而生的。本书中引用的部分表格来自于四川省建设工程质量安全监督总站制定的"建设工程质量信息监督管理系统"。

本书由四川建筑职业技术学院的兰凤林和黄恒振主编，兰凤林统稿，德阳华夏建筑有限公司的罗晓林参编。其中"实训环节一"中的"单元一"，"实训环节二"，"实训环节三"中的"单元九、单元十和单元十一"由兰凤林编写；"实训环节一"中的"单元二、单元三"，"实训环节三"中的"单元一"，"实训环节四"和"实训环节五"由黄恒振编写；"实训环节二"中的"单元五"中的表5-5，"实训环节三"中的"单元九、单元十一"中的表格由罗晓林编写。

本书在编写过程中参阅了许多专家所著的文献和许多机构颁发的标准规范，在此谨向其表示感谢。

由于编者的工程实践经验和水平有限，书中难免存在不足之处，恳请读者批评指正。

编　者
2018年5月

目 录

实训环节一 施工准备阶段资料的编制 ································· (1)
    单元一 工程概况表 ·· (1)
    单元二 施工资料的编制 ······································ (3)
    单元三 监理资料的编制 ······································ (7)

实训环节二 施工阶段土建工程资料的编制 ······························ (15)
    单元四 施工管理资料 ·· (15)
    单元五 土建工程施工记录 ···································· (50)
    单元六 土建工程施工试验记录 ································ (66)
    单元七 施工质量验收资料 ···································· (90)

实训环节三 施工阶段安装工程资料的编制 ······························ (121)
    单元八 安装工程的物资资料 ·································· (121)
    单元九 安装工程的施工记录 ·································· (127)
    单元十 安装工程的施工质量验收文件 ·························· (133)
    单元十一 安装工程的功能性试验记录 ·························· (150)

实训环节四 施工阶段监理资料的编制 ·································· (166)
    单元十二 施工阶段监理资料的编制 ···························· (166)

实训环节五 施工阶段安全资料的编制 ·································· (183)
    单元十三 施工阶段安全资料的编制 ···························· (183)

参考文献 ·· (200)

实训环节一　施工准备阶段资料的编制

单元一　工程概况表

一、实训条件

《实训练习册》、普通教室。

二、本单元实训任务

①请根据图纸中的设计说明填写工程概况表,如表1-1所示。

②本项目的工程名称为××公司科研楼工程,施工单位为四川华隆建筑有限公司。工程开工日期为2013年11月1日,竣工日期为2014年11月20日。

③相关参建单位情况、规划许可证号、施工许可证号、质量安全监督证号和施工图审查批准书号请自己假设,或由任课教师统一假定。

表 1-1 工程概况表
(建筑工程类)

建设单位:　　　　　　　　　　　填写人:　　　　　　　　　　　年　月　日

	工程名称			
	工程地址			(门牌号:)
参建相关单位情况	建设单位		施工单位	四川华隆建筑有限公司
	勘察单位		监理单位	
	设计单位		审图单位	
	地基检测单位			
	沉降变形观测单位			
	常规检测单位			
	地基处理施工单位			
	桩基础施工单位			
	其他分包单位			
一般情况	规划许可证号		施工许可证号	
	质量安全监督证号		施工图审查批准书号	
	开工时间		竣工时间	
	总建筑面积	m^2	地下室面积	m^2
	结构类型		基础类型	
	层　数	地上　层,局部　层,地下　层	层高/总高	m,　m/层
	人防等级		柱距/跨度(厂房)	
	电梯、自动扶梯及人行道			
	抗震等级及设防烈度			
构造特征	地基与基础			
	柱、内外墙			
	梁、板、楼盖			
	外墙保温体系			
	外墙装饰			
	内墙装饰			
	楼地面装饰			
	屋面防水及保温构造			
	窗的保温措施			
	防火设备			
	建筑给排水、采暖、电气安装及智能建筑系统的简要说明			
其他	(填写施工过程中的整改维修情况和获奖情况)			

单元二　施工资料的编制

一、实训条件

《实训练习册》、普通教室。

二、本单元实训任务

1）图纸会审记录

（1）填表注意事项

①图纸会审一般在开工之前由建设单位组织,"会审日期"一栏填写的时间要在开工之前。

②会议主持人填写建设单位的项目代表,记录人可根据实际情况填写施工单位的资料员姓名或监理单位的监理工程师姓名。

③记录内容按照"结构施工图""建筑施工图""水电施工图"等专业顺序分别填写,采取一问一答的形式。由施工单位提出问题,设计单位给予回答,如下所示。

——（施工单位）问：办公楼插座平面图的 AL 箱与照明平面图的 AL 箱布置不一致,请问如何处理？

——（设计单位）答：以插座平面为准。

对于图纸会审会议中的重大问题,可由设计单位讨论后再回复。

④图纸会审记录经各单位审阅,确认无误后,由建设单位、施工单位、监理单位和设计单位的项目代表签字。

（2）填表练习

①请认真审读科研楼设计施工图（见附件）,然后根据图纸中存在的问题模拟填写一份图纸会审记录（见表 2-1）。

②本项目的工程名称为××公司科研楼工程,施工单位为四川华隆建筑有限公司,其他参建单位可根据科研楼设计说明或者自行拟定。

③本工程开工日期为 2013 年 11 月 1 日。

表 2-1 图纸会审记录

工程名称			会审日期	
参加人员	建设单位			
	设计单位			
	施工单位			
	监理单位			
	监督部门			
主持人			记录人	
记录内容				
施工单位代表:(签字)		设计单位代表:(签字)	监理单位: (注册监理工程师方章)	建设单位代表:(签字)

注:本表一式六份,建设单位、设计单位、施工单位、监理单位、监督部门和城建档案馆各一份,记录内容可加页,附后。

2) 单位工程开工报告

(1) 填表注意事项

①工程类别以单位工程为对象进行划分。根据建筑工程类别划分标准,民用建筑主要分为四个类别,具体标准如表 2-2 所示。

表 2-2　民用建筑的主要类别

项目			一类	二类	三类	四类
民用建筑	住宅	层数　层	＞24	＞15	＞7	≤7
		面积　m²	＞12 000	＞8 000	＞3 000	≤3 000
		檐高　m	＞67	＞42	＞20	≤20
	公共建筑	层数　层	＞20	＞13	＞5	≤5
		面积　m²	＞12 000	＞8 000	＞3 000	≤3 000
		檐高　m	＞67	＞42	＞17	≤17
特殊建筑			Ⅰ级	Ⅱ级	Ⅲ级	Ⅳ级

同一类别有两个或两个以上指标的,住宅和公共建筑必须同时符合两个指标才能确定为本类标准,只符合其中一个指标的,按低一类标准执行。

②主要实物工程量的单位和数量按照招标控制价中的工程量或按照施工单位的已标价工程量清单中的工程量填写。

③批准的建设立项文件或年度计划填写"建设文件已立项,年度计划已制定"。

④征用土地批准文件及红线图,投标、议标、中标文件,施工合同或协议书,资金落实情况的文件资料,"三通一平"的文件材料等项目针对的是资料,所以填写"齐备"或者"已具备"等。

⑤施工方案及现场平面布置图填写"已编制"。

⑥设计文件、施工图及施工图审查意见填"设计文件、施工图已经审查机构审查合格,见审查意见"。

⑦主要材料、设备落实情况填"正在落实"。

⑧施工许可证和质量、安全监督手续填"已办理",并分别填写有关证书编号。

⑨建设单位、施工单位和监理单位的项目负责人须签字,并加盖单位公章。

(2) 填表练习

①请根据给定信息,完成××公司科研楼工程的开工报告(见表 2-3)。

②根据科研楼设计施工图,填写建筑面积,并确定工程类别。本工程开工日期为 2013 年 11 月 1 日,竣工日期为 2014 年 11 月 20 日。

③预算造价,计划总投资,施工许可证证号,质量、安全监督手续备案号等信息可自行拟定,或由指导老师统一指定。

表 2-3 单位工程开工报告

工程名称				工程地址			
建设单位				施工单位			
工程类别				结构类型			
预算造价				计划总投资			
建筑面积		开工日期			竣工日期		
主要实物工程量	工程名称	单位	数量	主要实物工程量	工程名称	单位	数量
	土方工程	m³			门窗制安工程	m²	
	基础混凝土工程	m³			屋面防水工程	m²	
	主体钢筋安装	t			内墙抹灰工程	m²	
	主体现浇混凝土	m³			楼地面工程	m²	
	围护墙内隔墙砌筑	m³			外墙面砖	m²	
资料与文件				准备情况			
批准的建设立项文件或年度计划							
征用土地批准文件及红线图							
投标、议标、中标文件							
施工合同或协议书							
资金落实情况的文件资料							
"三通一平"的文件材料							
施工方案及现场平面布置图							
设计文件、施工图及施工图审查意见							
主要材料、设备落实情况							
施工许可证							
质量、安全监督手续							

建设单位:(公章) 项目负责人:(签字) 年 月 日	监理单位:(公章) 总监理工程师:(签字) 年 月 日	施工单位:(公章) 项目负责人:(签字) 年 月 日

注:本表一式五份,建设单位、监理单位、施工单位、主管部门、城建档案馆各一份。

单元三　监理资料的编制

一、实训条件

《实训练习册》、普通教室。

二、本单元实训任务

1）分包单位资格报审表

(1)填表注意事项

分包单位资格报审表(见表3-1)是项目监理单位对总施工单位拟选择的分包单位的资质文件进行审查后的答复表，监理单位审查结果可作为是否确认该分包单位承担该分项、分部工程的依据。

①根据合同条款，填写分包工程的名称、工程量、部位、分包工程总造价及其占总包合同的百分率；主要应审查分包单位的资质文件是否齐全、合格、有效，必要时，项目监理单位(建设单位)可会同总施工单位对分包单位进行实地考察，以验证分包单位有关资料的真实性。同时还应核查分包单位专职管理人员是否落实到位，特种作业人员是否具有合法的资格证、上岗证等。在此基础上，由专业监理工程师填写"符合分包要求"或者"不符合分包要求"。

②本表先由专业监理工程师进行审查后签署意见，再由项目总监理工程师签认。

③在审查时，专业监理工程师应严格区分发包工程是否属于转包、肢解分包、层层分包等行为，对违法分包及转包行为一律不予认可。

④总监理工程师对分包单位资格的确认不解除总施工单位应负的责任。

(2)填表练习

①填写××公司科研楼工程的分包单位资格报审表(见表3-1)一份。

②假设分包工程为装饰工程，开工日期为2014年9月1日，竣工日期为2014年10月30日。

③其余信息请自行拟定，或由指导老师统一指定。

表 3-1　分包单位资格报审表

工程名称：　　　　　　　　　　　　　　　　　　　　　　　　　　　编号：

致＿＿＿＿＿＿＿（监理单位）：

　　我公司拟选的分包单位＿＿＿＿＿＿＿，法人代表＿＿＿＿＿＿＿，可以保证工程按合同文件的规定执行。分包后，我们负责总包责任，请予审查批准。

1. 分包单位资质材料＿＿＿份＿＿＿张　　　2. 分包单位企业介绍＿＿＿份＿＿＿张
　①营业执照复印件（　　）张　　　　　　　①企业介绍（　　）张
　②企业资质证书（　　）张　　　　　　　　②历年承包主要工程介绍（　　）张
　③有关许可证（　　）张　　　　　　　　　③企业主要人员履历表（　　）张
　④本项目施工工长(施工员)证书（　　）张　　④项目经理证书(建造师)（　　）张
　⑤质量员证书（　　）张
　⑥本项目安全员证书（　　）张
　⑦项目技术负责人职称证书（　　）张

施工单位项目部：(公章)

项目负责人：　　　　　　　　　　　　　　　　　　　　　　　　　　　　年　月　日

分包工程名称	工程量	部位	分包总价	占总包合同价的%
合计				

分包工程的开工日期：
分包工程预计完工日期：

监理工程师审查意见： 签字： 年　月　日	监理工程师审核意见： 项目监理单位：(公章)　签字： 年　月　日

注：本表由施工单位填写，一式三份，送监理单位审查，建设、监理、施工单位各一份。

2) 主要工程设备选型报审表

(1) 填表注意事项

①设计文件编号为选型的依据,一般写为××工程设计图纸,对于特殊设备,也可直接写明图号,如"结施×/××"。

②设备名称应为列入产品目录的正式名称,不用简称或俗称;规格和型号应准确、完整;技术参数应为满足设计要求且最接近于设计计算值的标准参数;生产厂家为意向订货单位且有供货能力的制造商,进口设备需提供进口商检证明文件。

③本表由施工单位填写,应编号,负责人签字,单位盖章;审核人意见应明确、具体,签字应齐全。

(2) 填表练习

①请填写一份××公司科研楼工程的主要工程设备选型报审表(见表3-2)。

②假设施工单位拟订购由上海宏天建筑工程设备有限公司生产的 SCD 200 型物料提升机一台,其基本参数如表3-3所示。

③其余信息可自行拟定,或由指导老师统一指定。

表3-2 主要工程设备选型报审表

工程名称： 编号：

监理单位_____：
根据编号为_____设计图纸所要求,需购买下列设备,请予以认可。

施工单位项目部(公章)： 项目负责人： 年 月 日

设备名称			
型号			
规格			
功率			
容量			
最大外形尺寸/mm			
其他技术参数			
生产厂家			
出厂日期			

监理工程师审查意见：

项目监理单位:(公章) 专业监理工程师： 年 月 日

注:本表由施工单位填写,一式三份,审核后建设、监理、施工单位各留一份。

表 3-3　SCD 200 型物料提升机的基本参数

项　　目	参　　数
吊笼额定载重量	A 型:1 000 kg　B 型:2 000 kg
架体最大架设计高度	标准 24 m　最大 60 m
额定上升速度	25 m/min
电机型号	Y160M-4
电机功率	7.5 kW
额定电压电流	380 V/22.6 A　50 Hz
钢丝绳型号	6×(19)—11
吊笼内部空间(长×宽×高)	A 型:1.9 m×1.8 m×2 m
卷扬机	JK1.2　JK1.5
吊笼自重	450 kg
整机重量(不含卷扬机)	约 4 000 kg

3)施工现场质量管理审查记录表

(1)填表说明

施工现场质量管理审查记录表(见表 3-4)是对健全的质量管理体系的具体要求,一般一个标段或一个单位(子单位)工程检查审核一次。由施工单位项目部填写,项目总监理工程师审查。

①表头部分。

填写参与工程建设各方主体的概况,由施工单位项目部填写与合同或投标文件相一致的工程名称的全称。

"施工许可证(开工证)编号"即由当地建设行政主管部门批准颁发的施工许可(开工)证编号。

"建设单位"是合同中的甲方,建设单位项目负责人是合同书上的签字人或签字人书面委托人。

"设计单位"填写设计合同签章单位,设计单位项目负责人是合同书上的签字人或签字人书面委托人。

"监理单位"填写的名称与合同书或协议书中的名称一致,"项目总监理工程师"是合同书中的项目监理负责人,必须有与工程等级相应的执业证书。

"施工单位"填写合同签章单位名称。"项目负责人""项目技术负责人"与合同中明确的相一致。

②检(审)查项目部分。

填写各项检(审)查项目名称或编号,并将文件(复印件或原件)附在表后备查,审查后应将文件归还。

a.现场质量管理制度:图纸会审、设计交底、施工组织设计编审程序、工序交接、质量检查评定、质量例会及质量问题处理等制度。

b.质量责任制:质量责任人分工、质量责任落实规定、定期检查及奖罚制度。

c.主要专业工种操作人员上岗证书:测量、起重、塔吊司机、机械、焊接、防水工等建筑结构工种及电工工种上岗证。

  d. 分包方资质与对分包商的管理制度：专业分包的资质应在其承包业务范围内承建工程，超过范围的应办理特许证书。总施工单位应有管理分包单位制度主要是质量、技术的管理制度。

  e. 施工图审查情况：重点检查建设行政主管部门出具的施工图审查批准书及审查机构出具的审查报告。如图纸分批交出，可分批审查。

  f. 地质勘察资料：具有勘察资质的单位出具的正式地质勘察报告。

  g. 施工组织设计、施工方案及审批：审查编写的内容、批准单位，并有贯彻执行的措施。

  h. 施工技术标准：企业操作规程，要有批准程序，由企业总工程师、技术委员会负责人审查批准，有批准和执行日期、企业标准编号及标准名称。企业应建立技术标准档案，施工现场应有的技术标准都应具备。

  i. 工程质量检验制度：一是原材料、设备进场检验制度；二是施工过程的试验报告；三是竣工后的抽查检测，应该专门制定抽测项目、抽测时间、抽测单位等计划。可单独制定计划，也可在施工组织设计中作为一项内容。

  j. 搅拌站计量设备：说明搅拌站计量设备的精度、管理制度等。

  k. 现场材料、设备存放与管理：根据材料、设备性能，制定管理制度和建立相应的库房。

  l. 内容：填写文件名称或编号，注明份数。

  ③本表填写以后，由项目负责人检查，表格内容填写完整、齐全后，报总监理工程师审查。合格后作出结论，将原件或复印件返还施工单位。不合格的，施工单位必须限期改正，否则不许开工。

（2）填表练习

①完成××公司科研楼工程的施工现场质量管理审查记录表（见表3-4）一份。

②表中所需信息可参照前文表格，部分信息可自行拟定或由指导老师统一指定。

表 3-4　施工现场质量管理审查记录表

编号：

工程名称			施工许可证(开工证)编号	
建设单位			项目负责人	
设计单位			项目负责人	
监理单位			项目总监理工程师	
施工单位		项目负责人	项目技术负责人	

序号	项目	内容
1	现场质量管理制度	
2	质量责任制	
3	主要专业工种操作人员上岗证书	
4	分包方资质与对分包商的管理制度	
5	施工图审查情况	
6	地质勘察资料	
7	施工组织设计、施工方案及审批	
8	施工技术标准	
9	工程质量检验制度	
10	搅拌站计量设备	
11	现场材料、设备存放与管理	

检查结论：

项目负责人：　　　　　　　　　　　　　　　　　　　　　　　　　　　　年　月　日

审查结论：

总监理工程师(建设单位项目负责人)：　　　　　　　　　　　　　　　　　年　月　日

注：本表一式三份，连同开工报审表一并报监理单位审查，建设、监理、施工单位各留一份。

4)工程开工报审表

(1)填表注意事项

工程满足开工条件后,施工单位报监理单位复核和批复开工时间。

①工程名称:相应的建设项目或单位工程名称应与施工图的工程名称一致。

②开工的各种证明材料:施工单位应将建设工程施工许可证(复印件),施工组织设计,施工测量放线资料,现场主要管理人员和特殊工种人员资格证和上岗证,现场管理人员、机具、施工人员进场情况,工程主要材料落实情况以及施工现场道路、水、电、通讯等是否已达到开工条件等证明文件作为附件同时报送。

③审查意见:总监理工程师应指定专业监理工程师对施工单位的准备情况进行检查,除检查所报内容外,还应对施工现场临时设施是否满足开工条件、地下障碍物是否清除或查明、测量控制桩和试验室是否经项目监理单位审查确认等进行检查并逐项记录检查结果,报总监理工程师审核;总监理工程师确认具备开工条件时签署同意开工时间,并报告建设单位。否则,应简要指出不符合开工条件要求之处。

④总监理工程师签发工程开工报审表(见表3-5)后报建设单位备案,如委托监理合同中规定需建设单位批准,项目总监理工程师审核后报建设单位,由建设单位批准。工期自批准开工之日起计算。

(2)填表练习

请完成××公司科研楼工程工程开工报审表。

表 3-5 工程开工报审表

工程名称：　　　　　　　　　　　　　　　　　　　　　　　　编号：

致_____（监理单位）：

我方承担的_____工程，已完成以下各项工作：

一、施工组织设计（方案）已审批　　　　□
二、劳动力按计划已就绪　　　　　　　　□
三、机械设备已就绪　　　　　　　　　　□
四、管理人员全部到位　　　　　　　　　□
五、开工前各种手续已办妥（见附件）　　□
六、质量管理、技术管理制度已制定　　　□
七、智能建筑质量保证、技术措施已制定　□

附：开工报告

特此申报开工，请批准。

施工单位：（公章）

项目负责人：　　　　　　　　　　　　　　　　　　　　　　年　月　日

总监理工程师审查意见：

项目监理单位：（公章）

总监理工程师：　　　　　　　　　　　　　　　　　　　　　年　月　日

注：本表由施工单位填写，一式三份，建设、监理、施工单位各一份。

四川省工程质量安全监督总站制

实训环节二　施工阶段土建工程资料的编制

单元四　施工管理资料

一、实训条件

《实训练习册》、普通教室。

二、本单元实训任务

请根据给出的科研楼项目中不同材料的见证取样检测报告,将其主要信息汇总到主要原材料和构配件出厂证明及试验单目录中。

1)钢筋见证试验检测报告的汇总

(1)填表注意事项

①"单位工程名称"填写本项目工程名称。

②"材料(设备)名称"填写"圆钢"或"螺纹钢"等,有时也可以直接写成"钢筋"。

③"品种"填写"热轧"或"冷轧带肋"。

④"型号(规格)"填写钢筋的牌号和直径。

⑤"试验单编号"填写检测报告中的报告编号(或编号)。值得注意的是,不同的检测单位有不同的编号方式,而且检测报告的格式也不相同。

⑥汇总完毕后,表格底端的签字手续应履行完成才有效。

(2)表格练习

××公司科研楼工程的钢筋力学性能检测报告如表 4-1～表 4-10 所示,请据此填写汇总表(见表4-11)。

表4-1 钢筋力学性能检测报告一

编号：JD/GL2014-00016

委托单位		四川华隆建筑有限公司		委托编号	JD/2014-00053
工程名称		××公司科研楼		委托日期	2014.1.20
来样方式		有见证送样		送样人	×××
钢筋种类		热轧光圆钢筋		见证人	×××
检测日期		2014.1.20		报告日期	2014.1.21
依据标准		《钢筋混凝土用钢 第1部分:热轧光圆钢筋》(GB 1499.1—2008)			
牌号规格		HPB300 6.5 mm		—	—
生产厂家		—		—	—
进场数量		—		—	—
炉号（批号）		—		—	—
使用部位		科研楼基础、主体		—	—
试件编号		1	2	1	2
屈服强度/MPa	标准值	≥300	≥300	—	—
	实测值	564	500	—	—
抗拉强度/MPa	标准值	≥420	≥420	—	—
	实测值	732	714	—	—
伸长率/(%)	标准值	≥25.0	≥25.0	—	—
	实测值	26.0	26.0	—	—
弯曲试验	弯芯直径/mm	$d=a$	$d=a$	—	—
	弯曲角度	180°	180°	—	—
	弯曲结果	无裂纹	无裂纹	—	—
重量偏差/(%)	标准值	±7		—	—
	实测值	−0.7		—	—
结论		该样品所检参数符合《钢筋混凝土用钢 第1部分:热轧光圆钢筋》(GB 1499.1—2008)要求			
备注		—			
声明		检测报告未加盖"CMA章"和"检测资质专用章"无效			

审批：×××　　　　校核：×××　　　　主检：×××

表 4-2　钢筋力学性能检测报告二

编号:JD/GL2014-00015

委托单位	四川华隆建筑有限公司			委托编号	JD/2014-00053
工程名称	××公司科研楼			委托日期	2014.1.20
来样方式	有见证送样			送样人	×××
钢筋种类	热轧光圆钢筋			见证人	×××
检测日期	2014.1.20			报告日期	2014.1.21
依据标准	《钢筋混凝土用钢 第1部分:热轧光圆钢筋》(GB 1499.1—2008)				
	牌号规格	HPB300　8 mm		—	
	生产厂家	—		—	
	进场数量	—		—	
	炉号(批号)	—		—	
	使用部位	科研楼基础、主体		—	
	试件编号	1	2	1	2
屈服强度/MPa	标准值	≥300	≥300	—	—
	实测值	557	432	—	—
抗拉强度/MPa	标准值	≥420	≥420	—	—
	实测值	573	569	—	—
伸长率/(%)	标准值	≥25.0	≥25.0	—	—
	实测值	35.0	37.0	—	—
弯曲试验	弯芯直径/mm	$d=a$	$d=a$	—	—
	弯曲角度	180°	180°	—	—
	弯曲结果	无裂纹	无裂纹	—	—
重量偏差/(%)	标准值	±7		—	
	实测值	−1.2		—	
结论	该样品所检参数符合《钢筋混凝土用钢 第1部分:热轧光圆钢筋》(GB 1499.1—2008)要求				
备注	—				
声明	检测报告未加盖"CMA章"和"检测资质专用章"无效				

审批:×××　　　　　　　　　　校核:×××　　　　　　　　　　主检:×××

表4-3 钢筋力学性能检测报告三

编号：JD/GL2014-00022

委托单位	四川华隆建筑有限公司			委托编号	JD/2014-00053
工程名称	××公司科研楼			委托日期	2014.1.20
来样方式	有见证送样			送样人	×××
钢筋种类	热轧光圆钢筋			见证人	×××
检测日期	2014.1.20			报告日期	2014.1.21
依据标准	《钢筋混凝土用钢 第1部分：热轧光圆钢筋》(GB 1499.1—2008)				
	牌号规格	HPB300　10 mm		—	
	生产厂家	—		—	
	进场数量	—		—	
	炉号（批号）	—		—	
	使用部位	科研楼基础、主体		—	
	试件编号	1	2	1	2
屈服强度 /MPa	标准值	≥300	≥300	—	
	实测值	462	452		
抗拉强度 /MPa	标准值	≥420	≥420	—	
	实测值	651	646		
伸长率 /(%)	标准值	≥25.0	≥25.0	—	
	实测值	32.0	30.0		
弯曲试验	弯芯直径/mm	$d=a$	$d=a$	—	
	弯曲角度	180°	180°		
	弯曲结果	无裂纹	无裂纹		
重量偏差 /(%)	标准值	±7		—	
	实测值	−0.8			
结论	该样品所检参数符合《钢筋混凝土用钢 第1部分：热轧光圆钢筋》(GB 1499.1—2008)要求				
备注	—				
声明	检测报告未加盖"CMA章"和"检测资质专用章"无效				

审批：×××　　　　　　校核：×××　　　　　　主检：×××

表 4-4　钢筋力学性能检测报告四

编号：JD/GL2014-00017

委托单位		四川华隆建筑有限公司		委托编号	JD/2014-00053
工程名称		××公司科研楼		委托日期	2014.1.20
来样方式		有见证送样		送样人	×××
钢筋种类		热轧带肋钢筋		见证人	×××
检测日期		2014.1.20		报告日期	2014.1.21
依据标准		《钢筋混凝土用钢 第2部分：热轧带肋钢筋》(GB 1499.2—2007)			
牌号规格		HRB400E　12 mm		—	—
生产厂家		—		—	—
进场数量		—		—	—
炉号(批号)		—		—	—
使用部位		科研楼基础、主体		—	—
试件编号		1	2	1	2
屈服强度/MPa	标准值	≥400	≥400	—	—
	实测值	514	521	—	—
抗拉强度/MPa	标准值	≥540	≥540	—	—
	实测值	699	701	—	—
实测抗拉强度/实测屈服强度		1.36	1.35	—	—
实测屈服强度/屈服强度特征值		1.28	1.30	—	—
伸长率/(%)	标准值	≥16	≥16	—	—
	实测值	30.0	28.5	—	—
最大总伸长率/(%)		17.5	17.0	—	—
弯曲试验	弯芯直径/mm	D=4d	D=4d	—	—
	弯曲角度	180°	180°	—	—
	弯曲结果	无裂纹	无裂纹	—	—
重量偏差/(%)	标准值	±7		—	
	实测值	−4.1		—	
结论		该样品所检参数符合《钢筋混凝土用钢 第2部分：热轧带肋钢筋》(GB 1499.2—2007)要求			
备注		—			
声明		检测报告未加盖"CMA章"和"检测资质专用章"无效			

审批：×××　　　　　校核：×××　　　　　主检：×××

表 4-5　钢筋力学性能检测报告五

编号：JD/GL2014-00021

委托单位		四川华隆建筑有限公司		委托编号	JD/2014-00053
工程名称		××公司科研楼		委托日期	2014.1.20
来样方式		有见证送样		送样人	×××
钢筋种类		热轧带肋钢筋		见证人	×××
检测日期		2014.1.20		报告日期	2014.1.21
依据标准		《钢筋混凝土用钢 第2部分:热轧带肋钢筋》(GB 1499.2—2007)			
	牌号规格	HRB400E 14 mm		—	
	生产厂家	—		—	
	进场数量	—		—	
	炉号(批号)	—		—	
	使用部位	科研楼基础、主体		—	
	试件编号	1	2	1	2
屈服强度/MPa	标准值	≥400	≥400	—	—
	实测值	508	470		
抗拉强度/MPa	标准值	≥540	≥540	—	—
	实测值	674	673		
实测抗拉强度/实测屈服强度		1.33	1.43		
实测屈服强度/屈服强度特征值		1.27	1.18		
伸长率/(%)	标准值	≥16	≥16	—	—
	实测值	28.5	28.5		
最大总伸长率/(%)		18.5	20.0		
弯曲试验	弯芯直径/mm	$D=4d$	$D=4d$		
	弯曲角度	180°	180°		
	弯曲结果	无裂纹	无裂纹		
重量偏差/(%)	标准值	±5		—	
	实测值	−4.3		—	
结论		该样品所检参数符合《钢筋混凝土用钢 第2部分:热轧带肋钢筋》(GB 1499.2—2007)要求			
备注		—			
声明		检测报告未加盖"CMA章"和"检测资质专用章"无效			

审批：×××　　　　　校核：×××　　　　　主检：×××

表4-6 钢筋力学性能检测报告六

编号:JD/GL2014-00018

委托单位		四川华隆建筑有限公司		委托编号	JD/2014-00053
工程名称		××公司科研楼		委托日期	2014.1.20
来样方式		有见证送样		送样人	×××
钢筋种类		热轧带肋钢筋		见证人	×××
检测日期		2014.1.20		报告日期	2014.1.21
依据标准		《钢筋混凝土用钢 第2部分:热轧带肋钢筋》(GB 1499.2—2007)			
	牌号规格	HRB400E 16 mm		—	
	生产厂家	—		—	
	进场数量	—		—	
	炉号(批号)	—		—	
	使用部位	科研楼基础、主体		—	
	试件编号	1	2	1	2
屈服强度/MPa	标准值	≥400	≥400		
	实测值	497	503		
抗拉强度/MPa	标准值	≥540	≥540		
	实测值	677	678		
实测抗拉强度/实测屈服强度		1.36	1.35		
实测屈服强度/屈服强度特征值		1.24	1.26		
伸长率/(%)	标准值	≥16	≥16	—	—
	实测值	27.5	27.5	—	—
最大总伸长率/(%)		16.5	19.0		
弯曲试验	弯芯直径/mm	$D=4d$	$D=4d$		
	弯曲角度	180°	180°		
	弯曲结果	无裂纹	无裂纹		
重量偏差/(%)	标准值	±5		—	
	实测值	−3.6		—	
结论		该样品所检参数符合《钢筋混凝土用钢 第2部分:热轧带肋钢筋》(GB 1499.2—2007)要求			
备注		—			
声明		检测报告未加盖"CMA章"和"检测资质专用章"无效			

审批:×××　　　　　校核:×××　　　　　主检:×××

表 4-7 钢筋力学性能检测报告七

编号:JD/GL2014-00019

委托单位		四川华隆建筑有限公司		委托编号	JD/2014-00053
工程名称		××公司科研楼		委托日期	2014.1.20
来样方式		有见证送样		送样人	×××
钢筋种类		热轧带肋钢筋		见证人	×××
检测日期		2014.1.20		报告日期	2014.1.21
依据标准		《钢筋混凝土用钢 第2部分:热轧带肋钢筋》(GB 1499.2—2007)			
	牌号规格	HRB400E 18 mm		—	
	生产厂家	—		—	
	进场数量	—		—	
	炉号(批号)	—		—	
	使用部位	科研楼基础、主体		—	
	试件编号	1	2	1	2
屈服强度/MPa	标准值	≥400	≥400	—	—
	实测值	485	486	—	—
抗拉强度/MPa	标准值	≥540	≥540	—	—
	实测值	637	636	—	—
实测抗拉强度/实测屈服强度		1.31	1.31		
实测屈服强度/屈服强度特征值		1.21	1.22		
伸长率/(%)	标准值	≥16	≥16		
	实测值	31.0	29.0		
最大总伸长率/(%)		20.5	22.5		
弯曲试验	弯芯直径/mm	D=4d	D=4d	—	
	弯曲角度	180°	180°	—	
	弯曲结果	无裂纹	无裂纹	—	
重量偏差/(%)	标准值	±5		—	
	实测值	−4.4		—	
结论		该样品所检参数符合《钢筋混凝土用钢 第2部分:热轧带肋钢筋》(GB 1499.2—2007)要求			
备注		—			
声明		检测报告未加盖"CMA章"和"检测资质专用章"无效			

审批:×××　　　　　校核:×××　　　　　主检:×××

表 4-8　钢筋力学性能检测报告八

编号：JD/GL2014-00020

委托单位		四川华隆建筑有限公司		委托编号	JD/2014-00053
工程名称		××公司科研楼		委托日期	2014.1.20
来样方式		有见证送样		送样人	×××
钢筋种类		热轧带肋钢筋		见证人	×××
检测日期		2014.1.20		报告日期	2014.1.21
依据标准		《钢筋混凝土用钢 第2部分:热轧带肋钢筋》(GB 1499.2—2007)			
牌号规格		HRB400E　20 mm		—	
生产厂家		—		—	
进场数量		—		—	
炉号(批号)		—		—	
使用部位		科研楼基础、主体		—	
试件编号		1	2	1	2
屈服强度/MPa	标准值	≥400	≥400	—	—
	实测值	436	471	—	—
抗拉强度/MPa	标准值	≥540	≥540	—	—
	实测值	623	627	—	—
实测抗拉强度/实测屈服强度		1.43	1.33		
实测屈服强度/屈服强度特征值		1.09	1.18		
伸长率/(%)	标准值	≥16	≥16	—	—
	实测值	29.0	28.0	—	—
最大总伸长率/(%)		17.5	18.0		
弯曲试验	弯芯直径/mm	$D=4d$	$D=4d$	—	—
	弯曲角度	180°	180°	—	—
	弯曲结果	无裂纹	无裂纹	—	—
重量偏差/(%)	标准值	±5			—
	实测值	−5.0			—
结论		该样品所检参数符合《钢筋混凝土用钢 第2部分:热轧带肋钢筋》(GB 1499.2—2007)要求			
备注		—			
声明		检测报告未加盖"CMA章"和"检测资质专用章"无效			

审批：×××　　　　　　校核：×××　　　　　　主检：×××

表 4-9 钢筋力学性能检测报告九

编号：JD/GL2014-00083

委托单位		四川华隆建筑有限公司		委托编号	JD/2014-00140
工程名称		××公司科研楼		委托日期	2014.3.17
来样方式		有见证送样		送样人	×××
钢筋种类		冷轧带肋钢筋		见证人	×××
检测日期		2014.3.17		报告日期	2014.3.18
依据标准		《冷轧带肋钢筋》(GB 13788—2008)			
	牌号规格	CRB550 6.5 mm		—	
	生产厂家	—		—	
	进场数量	—		—	
	炉号(批号)	—		—	
	使用部位	科研楼主体		—	
	试件编号	1	2	1	2
抗拉强度/MPa	标准值	≥550	≥550	—	—
	实测值	834	840	—	—
伸长率/(%)	标准值	≥8.0	≥8.0	—	—
	实测值	27.5	29.0	—	—
弯曲试验	弯芯直径/mm	$D=3d$	$D=3d$	—	—
	弯曲角度	180°	180°	—	—
	弯曲结果	无裂纹	无裂纹	—	—
重量偏差/(%)	标准值	±4		—	
	实测值	0.8		—	
结论		该样品所检参数符合《冷轧带肋钢筋》(GB 13788—2008)要求			
备注		—			
声明		检测报告未加盖"CMA章"和"检测资质专用章"无效			

审批：×××　　　　　　校核：×××　　　　　　主检：×××

表 4-10　钢筋力学性能检测报告十

编号：JD/GL2014-00084

委托单位	四川华隆建筑有限公司		委托编号	JD/2014-00140
工程名称	××公司科研楼		委托日期	2014.3.17
来样方式	有见证送样		送样人	×××
钢筋种类	冷轧带肋钢筋		见证人	×××
检测日期	2014.3.17		报告日期	2014.3.18
依据标准	《冷轧带肋钢筋》(GB 13788—2008)			
牌号规格	CRB550　8 mm		—	
生产厂家	—		—	
进场数量	—		—	
炉号(批号)	—		—	
使用部位	科研楼主体		—	
试件编号	1	2	1	2
抗拉强度/MPa 标准值	≥550	≥550	—	—
抗拉强度/MPa 实测值	787	789	—	—
伸长率/(%) 标准值	≥8.0	≥8.0	—	—
伸长率/(%) 实测值	25.0	27.5	—	—
弯曲试验 弯芯直径/mm	$D=3d$	$D=3d$	—	—
弯曲试验 弯曲角度	180°	180°	—	—
弯曲试验 弯曲结果	无裂纹	无裂纹	—	—
重量偏差/(%) 标准值	±4		—	
重量偏差/(%) 实测值	−3.9		—	
结论	该样品所检参数符合《冷轧带肋钢筋》(GB 13788—2008)要求			
备注	—			
声明	检测报告未加盖"CMA章"和"检测资质专用章"无效			

审批：×××　　　　校核：×××　　　　主检：×××

表 4-11 主要原材料和构配件
出厂证明及试验单目录一

单位工程名称：　　　　　　　　　施工单位：　　　　　　　　　　　共　页第　页

序号	材料(设备)名称	品种	型号(规格)	单位	代表数量	使用部位	出厂证明	试验单编号	备注

注册建造师(技术负责人):(签字)　　　　审核:(签字)　　　　填表:(签字)

注：本表一式四份，建设单位、施工单位、监理单位、城建档案馆各一份。

2）水泥见证试验检测报告的汇总

(1) 填表注意事项

①"单位工程名称"填写本项目工程名称。

②"材料（设备）名称"填写"水泥"。

③"型号（规格）"填写水泥的强度等级。

④"出厂证明"填写出厂编号。

⑤"试验单编号"填写检测报告中的报告编号（或编号）。值得注意的是，不同的检测单位有不同的编号方式，而且检测报告的格式也不相同。

⑥汇总完毕后，表格底端的签字手续应履行完成才有效。

(2) 表格练习

××公司科研楼工程的水泥物理性能检测报告如表 4-12～表 4-14 所示，请据此填写汇总表（见表 4-15）。

表 4-12 水泥物理性能检测报告一

委托编号：2014007906
报告编号：禾(C1)1400325
检验编号：C1-140300346

委托单位	四川华隆建筑有限公司			委托日期	2013.12.11
工程名称	××公司科研楼			检验日期	2013.12.12
项目地点	—			报告日期	2014.01.10
工程部位	科研楼基础				
监理单位	四川××工程咨询设计有限责任公司	样品来源	见证取样	检测性质	委托
生产厂家	澳东	代表批量	500 t	强度等级	42.5R
水泥品种	复合硅酸盐水泥	试样情况	—	试验内容	—
依据标准	《通用硅酸盐水泥》(GB 175—2007)	掺和料名称	—	出厂编号	C3-21

试验结果

检验项目	初凝/min	终凝/min	80 μm方孔筛余量/(%)	比表面积/(m²/kg)	安定性 雷氏夹膨胀值：1.8～5.0 mm	安定性 试饼法沸煮	标准稠度用水量/(%)
实测值	199	279	1.5	—	—	—	35
国标	45	600	10	300	合格	合格	

化学性能	不溶物(%)	—	烧失量(%)	—	三氧化硫/(%)		—
	氧化镁(%)	—	氯离子(%)	—	胶砂流动度/mm	183	水灰比 0.50

3 d抗折强度/MPa	1	2	3	强度取值	28 d抗折强度/MPa	1	2	3	强度取值
国标：≥4.0	5.6	5.9	5.8	5.8	国标：≥6.5	9.3	8.7	8.9	9.0

3 d抗压强度/MPa　国标：≥22.0　　　　28 d抗压强度/MPa　国标：≥42.5

1	2	3	4	5	6	强度取值	1	2	3	4	5	6	强度取值
28.5	27.8	26.0	27.1	27.9	27.0	27.4	43.7	45.6	44.0	43.4	45.3	44.9	44.5

结论	依据标准《通用硅酸盐水泥》(GB 175—2007)检测，该样品所检参数合格
备注	

签发：×××　　　审核：×××　　　试验：×××　　　试验单位(章)：

表 4-13 水泥物理性能检测报告二

委托编号：2014007938
报告编号：禾(C1)1400355
检验编号：C1-140300356

委托单位	四川华隆建筑有限公司		委托日期	2014.01.06
工程名称	××公司科研楼		检验日期	2014.01.07
项目地点	—		报告日期	2014.02.05
工程部位	科研楼主体			
监理单位	四川××工程咨询设计有限责任公司	样品来源	见证取样	检测性质	委托
生产厂家	澳东	代表批量	500 t	强度等级	42.5R
水泥品种	复合硅酸盐水泥	试样情况	—	试验内容	—
依据标准	《通用硅酸盐水泥》(GB 175—2007)	掺和料名称	—	出厂编号	C10-15

试验结果

检验项目	初凝/min	终凝/min	80 μm 方孔筛余量/(%)	比表面积/(m^2/kg)	安定性		标准稠度用水量/(%)
					雷氏夹膨胀值：1.8~5.0 mm	试饼法沸煮	
实测值	115	190	1.4	337	合格	合格	27.9
国标	45	600	10	300			

化学性能	不溶物(%)	—	烧失量(%)	—	三氧化硫/(%)	—
	氧化镁(%)	—	氯离子(%)	—	胶砂流动度/mm	183	水灰比	0.50

3 d 抗折强度/MPa	1	2	3	强度取值	28 d 抗折强度/MPa	1	2	3	强度取值
国标：≥4.0	5.5	5.7	5.6	5.6	国标：≥6.5	8.2	8.5	8.4	8.4

3 d 抗压强度/MPa 国标：≥22.0							28 d 抗压强度/MPa 国标：≥42.5						
1	2	3	4	5	6	强度取值	1	2	3	4	5	6	强度取值
29.1	27.8	28.6	27.4	29.0	28.9	28.5	45.5	45.8	46.7	45.9	47.2	48.1	46.5

结论	依据标准《通用硅酸盐水泥》(GB 175—2007)检测，该样品所检参数合格
备注	—

签发：××× 　　审核：××× 　　试验：××× 　　试验单位(章)：

表4-14 水泥物理性能检测报告三

委托编号：2014005257
报告编号：禾(C1)1400212
检验编号：C1-140300214

委托单位	四川华隆建筑有限公司			委托日期		2014.03.10	
工程名称	××公司科研楼			检验日期		2014.03.11	
项目地点	—			报告日期		2014.04.09	
工程部位	科研楼主体						
监理单位	四川××工程咨询设计有限责任公司		样品来源	见证取样	检测性质	委托	
生产厂家	澳东		代表批量	500 t	强度等级	42.5R	
水泥品种	复合硅酸盐水泥		试样情况	—	试验内容	—	
依据标准	《通用硅酸盐水泥》(GB 175—2007)		掺和料名称	—	出厂编号	C11-19	

试验结果

检验项目	初凝/min	终凝/min	80 μm方孔筛余量/(%)	比表面积/(m²/kg)	安定性		标准稠度用水量/(%)
					雷氏夹膨胀值 1.8~5.0 mm	试饼法沸煮	
实测值	120	190	1.45	333			33
国标	45	600	10	300	合格	合格	

化学性能	不溶物/(%)	—	烧失量/(%)	—	三氧化硫/(%)		—
	氧化镁/(%)	—	氯离子/(%)	—	胶砂流动度/mm	183	水灰比 0.50

3 d抗折强度/MPa	1	2	3	强度取值	28 d抗折强度/MPa	1	2	3	强度取值
国标：≥4.0	5.9	5.6	5.7	5.7	国标：≥6.5	8.8	8.6	8.8	8.7

3 d抗压强度/MPa　国标：≥22.0　　　　28 d抗压强度/MPa　国标：≥42.5

1	2	3	4	5	6	强度取值	1	2	3	1	2	3	4
28.1	28.7	26.5	27.4	28.0	28.4	27.9	44.6	48.1	47.3	45.2	44.7	45.3	45.9

结论	依据标准《通用硅酸盐水泥》(GB 175—2007)检测,该样品所检参数合格
备注	

签发：×××　　　审核：×××　　　试验：×××　　　试验单位(章)：

表 4-15 主要原材料及构配件
出厂证明及试验单目录二

单位工程名称:　　　　　　　　　　施工单位:　　　　　　　　　　　　　共 页第 页

序号	材料(设备)名称	品种	型号(规格)	单位	代表数量	使用部位	出厂证明	试验单编号	备注

注册建造师(技术负责人):(签字)	审核:(签字)	填表:(签字)

注:本表一式四份,建设单位、施工单位、监理单位、城建档案馆各一份。

3)砖见证试验检测报告的汇总

(1)填表注意事项

①"单位工程名称"填写本项目工程名称。

②"材料(设备)名称"填写"砖"。

③"型号(规格)"填写砖的强度等级和规格尺寸。

④"试验单编号"填写检测报告中的报告编号(或编号)。值得注意的是,不同的检测单位有不同的编号方式,而且检测报告的格式也不相同。

⑤汇总完毕后,表格底端的签字手续应履行完成才有效。

(2)表格练习

××公司科研楼工程的砖检测报告如表 4-16、表 4-17 所示,请据此填写汇总表(见表 4-18)。

表 4-16 烧结空心砖强度等级检测报告

报告编号：JD/BR2014-0021

委托单位	四川华隆建筑有限公司	委托编号	JD/2014-00181
工程名称	××公司科研楼	委托日期	2014.04.04
检测性质	委托检测	送样人	×××
来样方式	有见证送样	见证人	×××
工程部位	外墙及隔墙卫生间180以上	规格尺寸	240 mm×200 mm×115 mm
样品名称	烧结空心砖	强度等级	MU5.0
生产厂家	三丰	进场数量	—
检测日期	2014.04.04	报告日期	2014.04.27
依据标准	《烧结空心砖和空心砌块》(GB 13545—2003)		
检测结果			

试验编号	试件尺寸		破坏荷重/kN	抗压强度/MPa
	长/mm	宽/mm		
1	232	195	294.8	6.52
2	230	198	245.7	5.40
3	230	194	229.0	5.13
4	235	196	246.6	5.35
5	231	193	224.6	5.04
6	232	193	225.8	5.04
7	235	197	268.9	5.81
8	234	195	251.4	5.51
9	233	197	248.6	5.42
10	232	197	249.3	5.45

平均值 ρ/MPa	最小值/MPa	标准差 S/MPa	变异系数 δ	强度标准值 f_k/MPa
5.5	—	0.44	0.08	4.7

结论	依据《烧结空心砖和空心砌块》(GB 13545—2003)检测，该样品强度等级为 MU5.0
备注	—
声明	—

审批：×××　　　　　校核：×××　　　　　主检：×××

表 4-17 烧结多孔砖强度等级检测报告

报告编号：JD/BR2014-0020

委托单位	四川华隆建筑有限公司	委托编号	JD/2014-00181
工程名称	××公司科研楼	委托日期	2014.04.04
检测性质	委托检测	送样人	×××
来样方式	有见证送样	见证人	×××
工程部位	卫生间180以下	规格尺寸	240 mm×115 mm×90 mm
样品名称	烧结多孔砖	强度等级	MU10.0
生产厂家	三丰	进场数量	—
检测日期	2014.04.04	报告日期	2014.04.07
依据标准	《烧结多孔砖和多孔砌块》(GB 13544—2011)		
检测结果			
试验编号	试件尺寸 长/mm	试件尺寸 宽/mm	破坏荷重/kN	抗压强度/MPa
1	240	115	277.4	10.05
2	239	112	278.7	10.41
3	241	113	281.2	10.33
4	238	114	284.3	10.48
5	239	115	279.1	10.15
6	239	114	280.6	10.30
7	241	115	279.9	10.10
8	240	113	283.0	10.44
9	239	114	285.1	10.46
10	241	115	284.4	10.26
平均值 ρ/MPa	最小值/MPa	标准差 S/MPa	变异系数 δ	强度标准值 f_k/MPa
10.3	—	0.16	0.02	10.0
结论	依据《烧结多孔砖和多孔砌块》(GB 13544—2011)检测，该样品强度等级为MU10.0		
备注	—		
声明	—		

审批：×××　　　　　　　校核：×××　　　　　　　主检：×××

表 4-18 主要原材料及构配件
出厂证明及试验单目录三

单位工程名称：　　　　　　　　　施工单位：　　　　　　　　　　　　　　　共　页第　页

序号	材料(设备)名称	品种	型号(规格)	单位	代表数量	使用部位	出厂证明	试验单编号	备注

注册建造师(技术负责人):(签字)	审核:(签字)	填表:(签字)

注：本表一式四份，建设单位、施工单位、监理单位、城建档案馆各一份。

4)砂见证试验检测报告的汇总
(1)填表注意事项
①"单位工程名称"填写本项目工程名称。
②"材料(设备)名称"填写"砂"。
③"型号(规格)"一般在检测报告的结论中查找。
④"试验单编号"填写检测报告中的报告编号(或编号)。值得注意的是,不同的检测单位有不同的编号方式,而且检测报告的格式也不相同。
⑤汇总完毕后,表格底端的签字手续应履行完成才有效。
(2)表格练习
××公司科研楼工程的砂检测报告如表 4-19～表 4-22 所示,请据此填写汇总表(见表 4-23)。

表 4-19　砂检测报告一

委托编号：201405025
报告编号：禾(G1)1400123
检验编号：G1-140300114

委托单位	四川华隆建筑有限公司			委托日期	2013.12.11
工程名称	××公司科研楼			检验日期	2013.12.11
使用部位	基础			签发日期	2013.12.12
样品来源	见证取样	检验类别	委托	种　类	天然砂
依据标准	《建设用砂》(GB/T 14684—2011)			项目地点	—
材料产地	—			代表批量	—

检测结果					
检测项目	检测要求			检测结果	
	Ⅰ类	Ⅱ类	Ⅲ类		
泥块含量(按质量计)/(%)	0	≤1.0	≤2.0	—	
含泥量(按质量计)/(%)	≤1.0	≤3.0	≤5.0	2.1	
坚固性/(%)	≤8	≤8	≤10	—	
云母含量(按质量计)/(%)	≤1.0	≤2.0	≤2.0	—	
单级最大压碎指标/(%)	≤20	≤25	≤30	—	
石粉含量/(%)	≤10.0	≤10.0	≤10.0	—	
氯离子含量/(%)	≤0.01	≤0.02	≤0.06	—	
表观密度/(kg/m³)	≥2 500			2 600	
堆积密度/(kg/m³)	≥1 400			1 470	
含水率/(%)	—				
空隙率/(%)	≤44			43	
轻物质含量	≤0.1				
碱活性	—				

颗粒级配							
方筛孔尺寸		4.75 mm	2.36 mm	1.18 mm	600 μm	300 μm	150 μm
累计筛余/(%)	检测结果	7	15	23	41	72	90
	国际值 Ⅰ区	10～0	35～5	65～35	85～71	95～80	100～90
	Ⅱ区	10～0	25～0	50～10	70～41	92～70	100～90
	Ⅲ区	10～0	15～0	25～0	40～16	85～55	100～90
细度模数	2.8	筛底	20		遗失	—	
结论	依据《建设用砂》(GB/T 14684—2011)，所检参数符合；该砂为Ⅱ区中砂Ⅱ类砂的指标要求						
备注	①检测仅对本样品有效；②报告人工修改数据无效；③本报告复制无效						

签发：×××　　　审核：×××　　　试验：×××　　　试验单位(章)：

表 4-20 砂检测报告二

委托编号：201405029
报告编号：禾(G1)1400127
检验编号：G1-140300124

委托单位	四川华隆建筑有限公司			委托日期	2014.01.06
工程名称	××公司科研楼			检验日期	2014.01.06
使用部位	基础、主体			签发日期	2014.01.07
样品来源	见证取样	检验类别	委托	种　类	天然砂
依据标准	《建设用砂》(GB/T 14684—2011)			项目地点	—
材料产地	—			代表批量	

检验结果					
检测项目	检测要求			检测结果	
	Ⅰ类	Ⅱ类	Ⅲ类		
泥块含量(按质量计)/(%)	0	≤1.0	≤2.0	—	
含泥量(按质量计)/(%)	≤1.0	≤3.0	≤5.0	2.5	
坚固性/(%)	≤8	≤8	≤10		
云母含量(按质量计)/(%)	≤1.0	≤2.0	≤2.0		
单级最大压碎指标/(%)	≤20	≤25	≤30		
石粉含量/(%)	≤10.0	≤10.0	≤10.0		
氯离子含量/(%)	≤0.01	≤0.02	≤0.06		
表观密度/(kg/m³)	≥2 500			2 630	
堆积密度/(kg/m³)	≥1 400			1 450	
含水率/(%)	—				
空隙率/(%)	≤44			44	
轻物质含量	≤0.1			—	
碱活性	—				

颗粒级配							
方筛孔尺寸		4.75 mm	2.36 mm	1.18 mm	600 μm	300 μm	150 μm
累计筛余/(%)	检测结果	7	15	23	41	72	90
	国际值 Ⅰ区	10～0	35～5	65～35	85～71	95～80	100～90
	Ⅱ区	10～0	25～0	50～10	70～41	92～70	100～90
	Ⅲ区	10～0	15～0	25～0	40～16	85～55	100～90
细度模数		2.8	筛底	25	遗失		—

结论	依据《建设用砂》(GB/T 14684—2011)，所检参数符合；该砂为Ⅱ区中砂Ⅱ类砂的指标要求
备注	①检测仅对本样品有效；②报告人工修改数据无效；③本报告复制无效

签发：××× 　　　审核：××× 　　　试验：××× 　　　试验单位(章)：

表 4-21　砂检测报告三

委托编号：201405257
报告编号：禾(G1)1400136
检验编号：G1-140300147

委托单位	四川华隆建筑有限公司			委托日期	2014.03.10
工程名称	××公司科研楼			检验日期	2014.03.13
使用部位	主体			签发日期	2014.03.17
样品来源	见证取样	检验类别	委托	种　类	天然砂
依据标准	《建设用砂》(GB/T 14684—2011)			项目地点	—
材料产地	—			代表批量	—

检验结果					
检测项目	检测要求			检测结果	
	Ⅰ类	Ⅱ类	Ⅲ类		
泥块含量（按质量计）/(%)	0	≤1.0	≤2.0	—	
含泥量（按质量计）/(%)	≤1.0	≤3.0	≤5.0	3.9	
坚固性/(%)	≤8	≤8	≤10	—	
云母含量（按质量计）/(%)	≤1.0	≤2.0	≤2.0	—	
单级最大压碎指标/(%)	≤20	≤25	≤30	—	
石粉含量/(%)	≤10.0	≤10.0	≤10.0	—	
氯离子含量/(%)	≤0.01	≤0.02	≤0.06	—	
表观密度/(kg/m³)	≥2 500			2 658	
堆积密度/(kg/m³)	≥1 400			1 440	
含水率/(%)	—			—	
空隙率/(%)	≤44			39	
轻物质含量	≤0.1			—	
碱活性	—			—	

颗粒级配								
方筛孔尺寸		4.75 mm	2.36 mm	1.18 mm	600 μm	300 μm	150 μm
累计筛余/(%)	检测结果	7	15	23	41	72	90
	国际值 Ⅰ区	10～0	35～5	65～35	85～71	95～80	100～90
	Ⅱ区	10～0	25～0	50～10	70～41	92～70	100～90
	Ⅲ区	10～0	15～0	25～0	40～16	85～55	100～90
细度模数	2.8	筛底	20	遗失	—		
结论	依据《建设用砂》(GB/T 14684—2011)，所检参数符合；该砂为Ⅱ区中砂Ⅱ类砂的指标要求						
备注	①检测仅对本样品有效；②报告人工修改数据无效；③本报告复制无效						

签发：×××　　　审核：×××　　　试验：×××　　　试验单位(章)：

表 4-22　砂检测报告四

委托编号:201405265
报告编号:禾(G1)1400144
检验编号:G1-140300152

委托单位	四川华隆建筑有限公司			委托日期		2014.04.06
工程名称	××公司科研楼			检验日期		2014.04.06
使用部位	主体			签发日期		2014.04.07
样品来源	见证取样	检验类别	委托	种　类		天然砂
依据标准	《建设用砂》(GB/T 14684—2011)			项目地点		—
材料产地	—			代表批量		

检验结果				
检测项目	检测要求			检测结果
	Ⅰ类	Ⅱ类	Ⅲ类	
泥块含量(按质量计)/(%)	0	≤1.0	≤2.0	—
含泥量(按质量计)/(%)	≤1.0	≤3.0	≤5.0	4.1
坚固性/(%)	≤8	≤8	≤10	—
云母含量(按质量计)/(%)	≤1.0	≤2.0	≤2.0	—
单级最大压碎指标/(%)	≤20	≤25	≤30	—
石粉含量/(%)	≤10.0	≤10.0	≤10.0	—
氯离子含量/(%)	≤0.01	≤0.02	≤0.06	—
表观密度/(kg/m³)	≥2 500			2 500
堆积密度/(kg/m³)	≥1 400			1 470
含水率/(%)	—			—
空隙率/(%)	≤44			40
轻物质含量	≤0.1			—
碱活性	—			—

颗粒级配								
累计筛余/(%)	方筛孔尺寸		4.75 mm	2.36 mm	1.18 mm	600 μm	300 μm	150 μm
	检测结果		7	15	23	41	72	90
	国际值	Ⅰ区	10～0	35～5	65～35	85～71	95～80	100～90
		Ⅱ区	10～0	25～0	50～10	70～41	92～70	100～90
		Ⅲ区	10～0	15～0	25～0	40～16	85～55	100～90
细度模数	2.7	筛底	41		遗失		—	

结论	依据《建设用砂》(GB/T 14684—2011),所检参数符合;该砂为Ⅱ区中砂Ⅱ类砂的指标要求
备注	①检测仅对本样品有效;②报告人工修改数据无效;③本报告复制无效

签发:×××　　审核:×××　　试验:×××　　试验单位(章):

表 4-23 主要原材料及构配件
出厂证明及试验单目录四

单位工程名称：　　　　　　　　　施工单位：　　　　　　　　　　共　页第　页

序号	材料(设备)名称	品种	型号(规格)	单位	代表数量	使用部位	出厂证明	试验单编号	备注

注册建造师(技术负责人):(签字)　　　　审核:(签字)　　　　填表:(签字)

注：本表一式四份，建设单位、施工单位、监理单位、城建档案馆各一份。

5）外加剂见证取样检测报告的汇总

(1)填表注意事项

①"单位工程名称"填写本项目工程名称。

②"材料(设备)名称"填写"泵送剂"。

③"型号(规格)"一般在检测报告的结论中查找。

④"试验单编号"填写检测报告中的检验编号。

⑤由于不同检测机构的检测报告格式和内容不尽相同,"使用部位"一栏若检测报告中标明就填写,如果没有标明,也可以不填。

⑥汇总完毕后,表格底端的签字手续应履行完成才有效。

(2)表格练习

××公司科研楼工程的泵送剂检测报告如表 4-24、表 4-25 所示,请据此填写汇总表(见表 4-26)。

表 4-24 混凝土泵送剂检测报告一

检验编号：W2014001

委托单位	四川××商品混凝土有限公司	取样日期	2013.12.11
工程名称	××公司科研楼	检测日期	2013.12.11
取样部位	商品混凝土站外加剂储存罐	报告日期	2013.12.12
依据标准	《混凝土外加剂》(GB 8076—2008)	见证人	×××
生产厂家	四川省××化学建材厂	掺量/(%)	2.0
检测用水泥	澳东 P·O 42.5R	样品名称	泵送剂
规格型号	泵送剂 SSFDN-OR	状态	水剂

	序号	检测项目		性能指标		实测值	单项判定
				一等品	合格品		
掺外加剂物理性能	1	减水率		—	—	—	—
	2	泌水率比(%)≤	常压	—	—	—	—
			压力	90	95	92	合格品
	3	含气量≤		4.5	5.5	4.3	一等品
	4	凝结时间差/min	初凝	—	—	—	—
			终凝	—	—	—	—
	5	抗压强度比(%)≥	1 d	—	—	—	—
			3 d	90	85	132	一等品
			7 d	90	85	146	一等品
			28 d	90	85	178	一等品
	6	坍落度保留值(mm)≥	30 min	150	120	128	合格品
			60 min	120	100	100	合格品
	7	坍落度增加值(mm)≥		100	80	108	一等品
	8	对钢筋锈蚀作用		应说明对钢筋有无锈蚀作用		无	—
匀质性	9	含固量/(%)		—		29.7	
	10	密度/(g/mL)		—		1.16	
	11	表面张力		—			
	12	pH 值		—		7	
	13	水泥净浆流动度/mm		—		215	
	14	水泥砂浆工作性		—			
	15	氯离子含量		—			
	16	硫酸钠含量		—			
	17	还原糖含量		—			
	18	总碱量		—			
结论	依据标准《混凝土外加剂》(GB 8076—2008)检测，该样品所检参数符合标准要求						
备注	①对来样负责；②本报告复制无效						
签发：×××			审核：×××			试验：×××	

表 4-25 混凝土泵送剂检测报告二

检验编号：W2014006

委托单位	四川××商品混凝土有限公司	取样日期	2014.1.6
工程名称	××公司科研楼	检测日期	2014.1.6
取样部位	商品混凝土站外加剂储存罐	报告日期	2014.1.7
依据标准	《混凝土外加剂》(GB 8076—2008)	见证人	×××
生产厂家	四川省××化学建材厂	掺量(%)	2.0
检测用水泥	澳东 P·O 42.5R	样品名称	泵送剂
规格型号	泵送剂 SSFDN-OR	状态	水剂

检测结果

	序号	检测项目		性能指标 一等品	性能指标 合格品	实测值	单项判定
掺外加剂物理性能	1	减水率		—	—	—	—
	2	泌水率比(%)≤	常压	—	—	—	—
			压力	90	95	92	合格品
	3	含气量≤		4.5	5.5	4.5	一等品
	4	凝结时间差/min	初凝	—	—	—	—
			终凝	—	—	—	—
	5	抗压强度比(%)≥	1 d	—	—	—	—
			3 d	90	85	137	一等品
			7 d	90	85	148	一等品
			28 d	90	85	175	一等品
	6	坍落度保留值(mm)≥	30 min	150	120	127	合格品
			60 min	120	100	104	合格品
	7	坍落度增加值(mm)≥		100	80	106	一等品
	8	对钢筋锈蚀作用		应说明对钢筋有无锈蚀作用		无	—
匀质性	9	含固量/(%)		—		30.0	—
	10	密度/(g/mL)		—		1.16	—
	11	表面张力		—		—	—
	12	pH 值		—		7	—
	13	水泥净浆流动度/mm		—		215	—
	14	水泥砂浆工作性		—		—	—
	15	氯离子含量		—		—	—
	16	硫酸钠含量		—		—	—
	17	还原糖含量		—		—	—
	18	总碱量		—		—	—
结论	依据标准《混凝土外加剂》(GB 8076—2008)检测，该样品所检参数符合标准要求						
备注	①对来样负责；②本报告复制无效						

签发：×××　　　　　审核：×××　　　　　试验：×××

表 4-26　主要原材料及构配件

出厂证明及试验单目录五

单位工程名称：　　　　　　　　　　施工单位：　　　　　　　　　　共　页第　页

序号	材料(设备)名称	品种	型号(规格)	单位	代表数量	使用部位	出厂证明	试验单编号	备注
注册建造师(技术负责人):(签字)				审核:(签字)			填表:(签字)		

注：本表一式四份，建设单位、施工单位、监理单位、城建档案馆各一份。

6)防水材料见证取样检测报告的汇总

(1)填表注意事项

①"单位工程名称"填写本项目工程名称。

②"材料(设备)名称"填写"防水卷材"。

③"品种"填写改性沥青或高分子。

④"型号(规格)"一般填写产品标记的内容。

⑤"试验单编号"填写检测报告中的报告编号。

⑥汇总完毕后,表格底端的签字手续应履行完成才有效。

(2)表格练习

××公司科研楼工程的防水材料检测报告如表 4-27、表 4-28 所示,请据此填写汇总表(见表 4-29)。

表 4-27 弹性体改性沥青防水卷材检测报告

委托编号：201422335
检验编号：K18-1400700159
报告编号：禾(K18)1400154

委托客户	四川华隆建筑有限公司		委托日期	2014.07.16
工程名称	××公司科研楼		检验日期	2014.07.24
使用部位	屋面		签发日期	2014.07.25
样品来源	见证取样		项目地点	—
依据标准	《弹性体改性沥青防水卷材》(GB 18242—2008)			
胎基分类	聚酯胎(PY)	表面隔离材料分类	聚乙烯膜(PE)	
物理力学性能分类	Ⅰ型	检测环境温度(℃)/湿度(%)	21℃/55%	
生产厚度/mm	4	产品面积/mm²	1	品牌	强国
生产厂家	成都强国防水材料有限公司	产品标记	SBS Ⅰ PY PE PE4	

检验结果			
检测项目		标准要求	检测结果
不透水性	压力/MPa	0.3	合格
	保持时间/min	30	
耐热度/℃		90 ℃无流淌、滴落	合格
		小于等于2 mm	0.9
拉力 /(N/50 mm)	最大峰拉力	纵向大于等于500	690
		横向大于等于500	620
	次高峰拉力	—	—
		—	—
	实验现象	拉伸过程中，试件中部无沥青涂盖层开裂或与胎基分离现象	无沥青涂盖层开裂或与胎基分离现象
最大拉力时延伸离/(%)	最大峰时延伸率	纵向大于等于30	72
		横向大于等于30	88
	第二峰时延伸率	—	—
		—	—
低温柔度/℃		20 ℃无裂缝	合格
结论	依据《弹性体改性沥青防水卷材》(GB 18242—2008)，所检参数合格		
备注	①检测结果仅本样品有效；②报告人工修改数据无效		

批准：×××　　审核：×××　　检验：×××　　检测单位(章)：

表 4-28　高分子防水材料片材检测报告

委托编号：201422335

检验编号：K10-1400700262

报告编号：禾(K10)1400256

委托客户	四川华隆建筑有限公司		委托日期	2014.07.16
工程名称	××公司科研楼		检验日期	2014.07.24
使用部位	卫生间		签发日期	2014.07.25
样品来源	见证取样		项目地点	—
依据标准	《高分子防水材料 第1部分：片材》(GB 18173.1—2012)		检验类别	委托
片材分类	树脂类			
检测环境温度(℃)/湿度(%)	21℃/55%		品牌	强国
样品厚度/mm	1.5	样品宽度/m	1	样品长度/m	1
生产厂家	成都强国防水材料有限公司		产品标记	FS2

注：上表"样品厚度"行为六列。

检验结果			
检测项目		标准要求	检测结果
断裂拉伸强度(匀质片：MPa；复合片：N/cm)	横向大于等于	60	76
	纵向大于等于	60	89
拉断伸长率/(%)	横向大于等于	400	411
	纵向大于等于	400	403
撕裂强度/(kN/m)	横向大于等于	20	118
	纵向大于等于	20	127
不透水性，30 min 无渗漏		0.3 MPa，30 min 无渗漏	合格
低温弯折小于等于/℃		−20 ℃	无裂纹
结论	依据《高分子防水材料 第1部分：片材》(GB 18173.1—2012)，所检参数合格		
备注	①检测结果仅本样品有效；②报告人工修改数据无效；③本报告复制无效		

批准：×××　　审核：×××　　检验：×××　　检测单位(章)：

表 4-29 主要原材料及构配件

<u>出厂证明及试验单目录六</u>

单位工程名称：　　　　　　　　　　施工单位：　　　　　　　　　　　共　页第　页

序号	材料(设备)名称	品种	型号(规格)	单位	代表数量	使用部位	出厂证明	试验单编号	备注
注册建造师(技术负责人):(签字)				审核:(签字)			填表:(签字)		

注：本表一式四份，建设单位、施工单位、监理单位、城建档案馆各一份。

单元五 土建工程施工记录

一、实训条件

《实训练习册》、普通教室。

二、本单元实训任务

1)建筑工程隐蔽检验记录(钢筋工程、基础工程、防水工程,共 3 张)

(1)填表说明

①"分项工程名称"填写隐蔽项目所属的分项工程名称。

②"图号"填写隐蔽部位和隐蔽项目所在的施工图图号。

③"隐蔽日期"按实际隐蔽日期填写。

④"隐蔽部位、内容"填写隐蔽验收的部位。

⑤"检查情况"按实际检查结果填写,如果结果合格,则可以填写"经检查,符合质量验收规范和设计要求"。

⑥"有关测试资料"指的是隐蔽项目所涉及的原材料、构配件及其质量证明文件信息,如果有见证取样检测报告,应根据检测报告填写。

⑦"附图"应按隐蔽项目的实际施工情况绘制;如果按原设计施工,没有任何变更,则可以附上原设计图。

(2)表格练习

①请根据施工图和已有的施工物资资料的单证信息,任选部位分别填写钢筋工程、基础工程和防水工程的隐蔽检验记录(见表 5-1~表 5-3)。

②假设全部按图施工,验收结果均合格。

表 5-1 建筑工程(钢筋工程)隐蔽检验记录

工程名称		施工单位		分项工程名称		图号	
隐蔽日期	隐蔽部位、内容	单位	数量	检查情况		监理建设单位验收记录	
有关测试资料							
名称	测试结果		证、单编号		备注		

附图

参加检查人员签字

施工单位	监理单位	建设单位
注册建造师:(技术负责人)	监理工程师: (注册方章)	现场代表:

注:本表一式四份,建设单位、施工单位、监理单位、城建档案馆各一份。

表 5-2　建筑工程(基础工程)隐蔽检验记录

工程名称		施工单位		分项工程名称		图号	
隐蔽日期	隐蔽部位、内容	单位	数量	检查情况		监理建设单位验收记录	
有关测试资料							
名称	测试结果		证、单编号		备注		
附图							
参加检查人员签字							
施工单位		监理单位			建设单位		
注册建造师:(技术负责人)		监理工程师: (注册方章)			现场代表:		

注:本表一式四份,建设单位、施工单位、监理单位、城建档案馆各一份。

表 5-3 建筑工程(防水工程)隐蔽检验记录

工程名称		施工单位		分项工程名称		图号	
隐蔽日期	隐蔽部位、内容	单位	数量	检查情况		监理建设单位验收记录	
有关测试资料							
名称	测试结果	证、单编号		备注			

附图

参加检查人员签字		
施工单位	监理单位	建设单位
注册建造师:(技术负责人)	监理工程师:(注册方章)	现场代表:

注:本表一式四份,建设单位、施工单位、监理单位、城建档案馆各一份。

2)建筑物(构筑物)定位(放线)测量记录

(1)填表说明

①测量依据:一般填"现场实际情况、甲方提供的规划放线记录及红线图"。

②测量日期:填实际测量日期(一般为开工后 1~3 d,土方开挖前)。

③水准点标高:测量时的永久水准点高程,应据各个城市的具体情况确定。

④地坪标高:成型后室内及室外地坪标高,依据工程实际施工图纸确定。

⑤定位(放线)示意图:应按放线项目的实际施工情况绘制;如果原设计与规划放线记录无误差,则可以附上对应拟建建筑物原设计建筑总图。

(2)表格练习

①请根据施工图填写建筑物(构筑物)定位(放线)测量记录表(见表 5-4)。

②假设使用仪器如下:水准仪(苏州一光 DS3);经纬仪(DJ07)。水准点高程为 489.24 m,±0.00 对应的绝对标高为 489.72 m。

③假设实际的定位放线与原设计及规划放线记录无误差。本工程规划放线记录及红线图如图 5-1 所示。

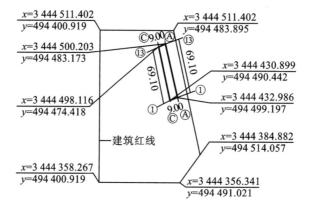

图 5-1 本工程规划放线记录及红线图

表 5-4 建筑物(构筑物)定位(放线)测量记录

工程名称			施工单位				
测量依据			测量日期				
使用仪器	水平仪		水准点标高/m	相对		地坪标高/m	室内
	经纬仪			绝对			室外

定位(放线)示意图：

建设单位现场代表： (签字) 年 月 日	监理工程师注册方章： (签字) 年 月 日	施工单位技术负责人： (签字) 年 月 日	测量员：(签字) 年 月 日

注：本表一式四份，建设单位、监理单位、施工单位、城建档案馆各一份。

3）抄测记录

（1）填表说明

①分项名称及编号：按照混凝土浇筑顺序，写明（当层）梁板＋抄测点编号，（当层）梁板及观测点编号应在附图及说明中标出（例如：二层梁板①）。

②设计标高：填写与前列的分项名称及编号和后列的附图及说明相对应的结构层标高。

③实测：各抄测点的实测标高。

④误差：为"实测－设计标高"后的数据，以 mm 为单位，注意数据前面应带上"＋"或"－"。

⑤结论：误差与设计图纸及相关规范相比较的结果。此处可以填写"符合设计及相关规范要求"。

⑥附图及说明：待测建筑物当前层的梁板平面图、抄测点编号。

（2）表格练习

①请根据施工图完成"二层梁板"的抄测记录（见表 5-5）。

②假设设计标高与实测的误差满足设计及相关规范要求，抄测点有 7 点。

③实测数据自己假设。

表 5-5 抄测记录

工程名称				施工单位	
分项名称及编号	设计标高	实测	误差	附图及说明	

结论：

监理单位：

测量日期：

测量单位：(公章)

注册建造师(项目经理)：(签字)   测量员：(签字)

注：本表一式四份，建设单位、施工单位、监理单位、城建档案馆各一份。

4)建筑物垂直度、标高、全高测量记录

(1)填表说明

①垂直度:垂直度中的"层高",根据楼层高度分为小于等于 5 m 和大于 5 m 两类,应根据实际工程的楼层高度选用;"全高"只有单层建筑或建筑物屋顶层时才填写。

②施工单位测量记录:应根据实测数值(误差)填写。但是正常的层高或全高的允许误差应控制在规范的允许误差范围内,如层高小于等于 5 m 的误差应在 8 mm 以内。

③设计标高:观测点编号及其对应的设计标高,观测点编号应在附图及说明中标明。

④实测标高:各观测点的立面垂直度实测值。

⑤误差:各观测点的"实测标高－设计标高",数据以 mm 为单位,注意数据前面应带上"＋"或"－"。

⑥附图及说明:附上待测建筑物当前层的梁板平面图及各观测点编号。

⑦结论:"误差"与设计图纸及相关规范相比较的结果,此处可以填写"符合设计及相关规范要求"。

(2)表格练习

①请根据施工图,填写科研楼的建筑物垂直度、标高、全高测量记录(见表 5-6)。

②假设设计标高与实测的误差满足设计及相关规范要求,观测点有 6 点。

③实测数据自己假设。

表 5-6 建筑物垂直度、标高、全高测量记录

工程名称										施工单位			附图及说明
测量项目	质量验收规范的规定			施工单位测量记录									
	垂直度	层高	≤5 m	8 mm									
			>5 m	10 mm									
		全高(H)	H/1 000 且≤30 mm		设计标高		实测标高		误 差			
	标高	层高	±10 mm										
		全高	±30 mm										

结论：

测量员：(签字)

监理单位代表(签字)：

测量日期： 年 月 日

注：本表一式三份，建设单位、施工单位、城建档案馆各一份。

5)沉降观测记录

(1)填表说明

①观测日期:实际观测的日期,一般在当层结构混凝土浇筑后的2~3 d观测。

②永久水准点标高:工程所在地的规划局给出的城市固定水准点的高程,该水准点同时应与"建筑物(构筑物)定位(放线)测量记录"中的水准点相同(但是实际工程中假如规划局未给出城市固定水准点,只给出控制水准点,则该列可以不填)。

③控制水准点:一般与水准点平面示意图相对应,并能测量或引测各个水准点位置(仪器转站次数越少越好)。

④建筑物状态和荷重增加情况:每一次观测时拟建建筑的变化,如垫层施工完毕、主体一层施工完毕等。

⑤累计沉降量:"本次沉降量"与"前一次的累计测量"之和。

⑥建(构)建筑观测点,水准基点平面布置示意图:一般按建筑物的外轮廓线,即"首层建筑平面图"表示,需注明各个观测点位置及编号和控制水准点的编号及位置。

(2)表格练习

①请根据施工图及相关规范绘制观测点(至少6个点)及水准点平面布置示意图并填沉降观测记录表(见表5-7)。

②假设控制水准点设于1轴交A轴外6 m处(距1轴和A轴均为6 m)的永久电线杆上,编号为GL-2,高程为491.73 m。

③其他数据自己假设。

表 5-7 沉降观测记录

编号：
工程名称：　　　　　　　　　　　　　　　　　　　　　控制水准点位置：
　　　　　　　　　　　　　　　　　　　　　　　　　　　高程：

观测日期	永久水准点标高/m	观测点：			观测点：			观测点：			观测点：			观测点：			观测点：			建筑物状态和荷重增加情况
		高程/m	沉降量/mm		高程/m	沉降量/mm		高程/m	沉降量/mm		高程/m	沉降量/mm		高程/m	沉降量/mm		高程/m	沉降量/mm		
			本次	累计		本次	累计		本次	累计		本次	累计		本次	累计		本次	累计	

建（构）建筑观测点，水准基点平面布置示意图：	竣工移交前观测结果及处理意见：	施工单位	
		施工技术负责人： （签字）	质检（测量）员： （签字）
		监理工程师： （注册方章）	监理测量人员： （签字）

注：本表一式三份，建设单位、施工单位、城建档案馆各一份。

6）地基验槽记录

（1）填表说明

①"施工单位""工程名称及部位""验收日期"、"基坑尺寸和基壁土层分布情况及走向（附示意图）"由施工单位填写。地基需要处理的，处理后施工单位应进行地基检测，并将检测报告附于地基验槽记录表（见表5-8）后。

②"槽底土质、岩层或地基处理后的情况"，由勘察单位填写。

③"验收情况及结论意见"由勘查单位和设计单位分别填写。

④"基坑尺寸和基壁土层分布情况及走向（附示意图）"应按现场实际填写和绘制，并标明具体部位和相关尺寸（如长、宽、深和坑内外标高等），附平面图和剖面图。

⑤"槽底土质、岩层情况"应对槽底土质或岩层（地基持力层厚度图）进行简单描述，如土质或岩层名称、物理力学特征、有无其他影响地基承载力的因素等；"地基处理情况"应写明处理部位、方法、主要参数以及验证加固效果的检测报告结论等。

⑥如现场的土方是大开挖，那么"基坑实际尺寸"就是大基坑的实际尺寸；如果现场土方是小开挖，则"基坑实际尺寸"应按照开口最大、开挖最深的小基坑尺寸填写，并且在"工程名称及部位"一栏中注明该小基坑所在的轴线位置。

⑦勘察单位验收情况及结论意见应写明地基持力层土质或岩层名称以及分类、物理力学特征，对地基承载力做出明确的结论，对有异常情况或不符合设计要求的部位提出处理意见或建议设计调整等，并由项目负责人亲笔签名；设计单位验收情况及结论意见应写明现场验槽情况、勘察单位签署的验收情况及结论意见、能否达到设计要求等，并由项目结构设计负责人亲笔签名。

⑧验槽结束在勘察单位和设计单位分别签署验收情况及结论意见后，施工单位、监理单位、建设单位分别签名，工程质量监督机构最后对验槽程序签字确认。

（2）表格练习

①请填写本工程的地基验槽记录。

②本工程采用大开挖，基坑长71.9 m，宽11.95 m，设计坑底标高为－1.600 m，地基承载力特征值为120 kPa。

③假设本工程实际的土层分布情况、地下水位等与地质勘察报告相符，检查后的实际尺寸、标高与设计相符。地质勘察报告显示本工程的土层分布状况从上到下依次为杂填土和粉质黏土。

表 5-8 地基验槽记录

施工单位：

工程名称及部位		验收日期	
基坑尺寸和基壁土层分布情况及走向（附示意图）			
槽底土质、岩层或地基处理后的情况			
基坑实际尺寸	长： m；宽： m；深： m；底标高： m		
验收情况及结论意见			
勘察单位	项目负责人：	设计单位	项目结构设计负责人：
施工单位		监理单位	建设单位
（注册建造师（项目经理）签字）		（项目总监签字）	（现场代表签字）

注：槽底土质或岩层情况由勘察单位填写，地基处理情况由专业施工单位填写，并附检测报告。

7)防水抗渗试验记录

(1)填表说明

①本表由防水施工单位负责填写。

②"分部分项名称"一般写"××部位防水",如屋面防水、卫生间防水等。

③"试水方式"填蓄水或者淋水。

④"淋水或蓄水的起始时间"应填写至×年×月×日×时×分。

⑤"达到蓄水深度"为实际蓄水深度,"淋水时间"为淋水试验中淋水的终止时间,一般也应填写至×年×月×日×时×分。

⑥"检查时间"填写检查试验结果的时间。

⑦"检查部位"填写试验部位。

(2)表格练习

①请填写科研楼卫生间的防水工程抗渗漏试验记录(见表5-9)。

②设试验的开始时间为2014年10月23日,试验结果为合格。

③参加检查人员的姓名请自行假设,或用×××代替。

表 5-9 防水工程抗渗漏试验记录

工程名称		施工单位	
分部分项名称		试水方式	
淋水或蓄水起始时间		达到蓄水深度或淋水时间	
检查时间及参加检查人员	检查时间： 参加人员：监理工程师 　　　　　建设单位现场代表 　　　　　防水施工单位 　　　　　施工（总包）单位		
检查部位： 检查结果：			
试验单位 负责人：(签字) 测试员：(签字) 年　月　日	施工单位（总包） 负责人：(签字) 年　月　日	监理工程师 负责人：(签字) 年　月　日	建设单位 负责人：(签字) 年　月　日

单元六　土建工程施工试验记录

一、实训条件
《实训练习册》及光盘、多媒体教室或机房。

二、本单元实训任务

1) 钢材焊接试验报告汇总表

(1) 填表说明

①本表根据钢材的焊接检测报告填写,每一单位工程的钢材焊接报告均应单独汇总。
②"材料名称"填钢材品种,如圆钢、热轧螺纹钢等。
③"型号(规格)"填钢筋的牌号、规格。
④"代表数量"填钢筋焊接接头取样的检验批量。
⑤"使用部位""试验单编号"根据焊接报告填写。

(2) 表格练习

表 6-1～表 6-6 是科研楼钢筋焊接检测报告,请据此填写汇总表(见表 6-7)。

表 6-1 钢筋焊接力学性能检测报告一

编号：JD/GH2014-00102

委托单位	四川华隆建筑有限公司			委托编号	JD/2014-00107	
工程名称	××公司科研楼项目			委托日期	2014.03.05	
检测性质	委托检测			送样人	×××	
来样方式	有见证送样			见证人	×××	
钢筋种类	热轧带肋钢筋			检测日期	2014.03.05	
依据标准	《钢筋焊接及验收规程》(JGJ 18—2012)			报告日期	2014.03.06	
焊接类型	电渣压力焊			—		
型号规格	HRB400E 16 mm			—		
接头数量	3			—		
工程部位	科研楼一层			—		
试件编号	1	2	3	—	—	—
抗拉强度 /MPa	标准值	≥540	≥540	≥540	—	—	—
	实测值	585	585	580	—	—	—
焊点至断点距离/mm	14	10	18	—	—	—
断裂性质	延性断裂	延性断裂	延性断裂	—	—	—
结论	该批接头样品所检参数符合要求					
备注	—					
声明	检测报告未加盖"CMA 章"和"检测资质专用章"无效					

审批：×××　　　　　　　　校核：×××　　　　　　　　主检：×××

表 6-2 钢筋焊接力学性能检测报告二

编号：JD/GH2014-00103

委托单位	四川华隆建筑有限公司			委托编号	JD/2014-00107
工程名称	××公司科研楼项目			委托日期	2014.03.05
检测性质	委托检测			送样人	×××
来样方式	有见证送样			见证人	×××
钢筋种类	热轧带肋钢筋			检测日期	2014.03.05
依据标准	《钢筋焊接及验收规程》(JGJ 18—2012)			报告日期	2014.03.06
焊接类型	电渣压力焊			—	
型号规格	HRB400E　20 mm			—	
接头数量	3			—	
工程部位	科研楼一层			—	
试件编号	1	2	3	—	—
抗拉强度/MPa	标准值	≥540	≥540	≥540	—	—
抗拉强度/MPa	实测值	665	670	665	—	—
焊点至断点距离/mm	42	65	86	—	—
断裂性质	延性断裂	延性断裂	延性断裂	—	—
结论	该批接头样品所检参数符合要求				
备注	—				
声明	检测报告未加盖"CMA 章"和"检测资质专用章"无效				

审批：×××　　　　　校核：×××　　　　　主检：×××

表 6-3　钢筋焊接力学性能检测报告三

编号：JD/GH2014-00167

委托单位	四川华隆建筑有限公司			委托编号	JD/2014-00176	
工程名称	××公司科研楼项目			委托日期	2014.04.08	
检测性质	委托检测			送样人	×××	
来样方式	有见证送样			见证人	×××	
钢筋种类	热轧带肋钢筋			检测日期	2014.04.08	
依据标准	《钢筋焊接及验收规程》(JGJ 18—2012)			报告日期	2014.04.09	
焊接类型	电渣压力焊			—		
型号规格	HRB400E　16 mm			—		
接头数量	3			—		
工程部位	科研楼二层			—		
试件编号	1	2	3	—	—	—
抗拉强度/MPa 标准值	≥540	≥540	≥540	—	—	—
抗拉强度/MPa 实测值	650	655	650	—	—	—
焊点至断点位置/mm	58	73	96	—	—	—
断裂性质	延性断裂	延性断裂	延性断裂	—	—	—
结论	该批接头样品所检参数符合要求					
备注	—					
声明	检测报告未加盖"CMA章"和"检测资质专用章"无效					

审批：×××　　　　　　校核：×××　　　　　　主检：×××

表 6-4 钢筋焊接力学性能检测报告四

编号：JD/GH2014-00168

委托单位	四川华隆建筑有限公司			委托编号	JD/2014-00176	
工程名称	××公司科研楼项目			委托日期	2014.04.08	
检测性质	委托检测			送样人	×××	
来样方式	有见证送样			见证人	×××	
钢筋种类	热轧带肋钢筋			检测日期	2014.04.08	
依据标准	《钢筋焊接及验收规程》(JGJ 18—2012)			报告日期	2014.04.09	
焊接类型		电渣压力焊			—	
型号规格		HRB400E 20 mm			—	
接头数量		3			—	
工程部位		科研楼二层			—	
试件编号		1	2	3	—	—	—
抗拉强度/MPa	标准值	≥540	≥540	≥540	—	—	—
	实测值	575	580	576	—	—	—
焊点至断点位置/mm		13	10	20	—	—	—
断裂性质		延性断裂	延性断裂	延性断裂	—	—	—
结论	该批接头样品所检参数符合要求					
备注	—					
声明	检测报告未加盖"CMA章"和"检测资质专用章"无效					

审批：×××　　　　　　　校核：×××　　　　　　　主检：×××

表 6-5 钢筋焊接力学性能检测报告五

编号：JD/GH2014-00079

委托单位	四川华隆建筑有限公司			委托编号	JD/2014-00053		
工程名称	××公司科研楼项目			委托日期	2014.01.20		
检测性质	委托检测			送样人	×××		
来样方式	有见证送样			见证人	×××		
钢筋种类	热轧带肋钢筋			检测日期	2014.01.20		
依据标准	《钢筋焊接及验收规程》(JGJ 18—2012)			报告日期	2014.01.21		
	焊接类型	闪光对焊			—		
	型号规格	HRB400E 16 mm			—		
	接头数量	3			—		
	工程部位	科研楼基础、主体			—		
	试件编号	1	2	3	—	—	—
抗拉强度 /MPa	标准值	≥540	≥540	≥540	—	—	—
	实测值	640	637	640	—	—	—
焊点至断点距离/mm		195	140	170			
断裂性质		延性断裂	延性断裂	延性断裂			
弯曲试验	弯芯直径/mm	$D=5d$	$D=5d$	$D=5d$	—	—	—
	弯曲角度	90°	90°	90°			
	弯曲结果	未破裂	未破裂	未破裂			
结论	根据《钢筋焊接及验收规程》(JGJ 18—2012)规定，该批接头样品所检参数合格						
备注	—						
声明	检测报告未加盖"CMA章"和"检测资质专用章"无效						

审批：×××　　　　　　校核：×××　　　　　　主检：×××

表 6-6　钢筋焊接力学性能检测报告六

编号：JD/GH2014-00079

委托单位	四川华隆建筑有限公司			委托编号	JD/2014-00053
工程名称	××公司科研楼项目			委托日期	2014.01.20
检测性质	委托检测			送样人	×××
来样方式	有见证送样			见证人	×××
钢筋种类	热轧带肋钢筋			检测日期	2014.01.20
依据标准	《钢筋焊接及验收规程》(JGJ 18—2012)			报告日期	2014.01.21
	焊接类型	闪光对焊			—
	型号规格	HRB400E　20 mm			—
	接头数量	3			—
	工程部位	科研楼基础、主体			—
	试件编号	1	2	3	—
抗拉强度/MPa	标准值	≥540	≥540	≥540	—
	实测值	640	637	640	—
焊点至断点距离/mm		195	140	170	—
断裂性质		延性断裂	延性断裂	延性断裂	—
弯曲试验	弯芯直径/mm	D=5d	D=5d	D=5d	—
	弯曲角度	90°	90°	90°	—
	弯曲结果	未破裂	未破裂	未破裂	—
结论	根据《钢筋焊接及验收规程》(JGJ 18—2012)规定,该批接头样品所检参数合格				
备注	—				
声明	检测报告未加盖"CMA章"和"检测资质专用章"无效				

审批：×××　　　　　　校核：×××　　　　　　主检：×××

表 6-7 钢材焊接试验报告汇总表

单位工程名称： 施工单位名称： 共 页,第 页

序号	材料名称	型号(规格)	代表数量	使用部位	试验单编号	备注

注册建造师(技术负责人)： (签字)	审核： (签字)	填表： (签字)

2)砌筑砂浆试块强度报告汇总表

(1)填表说明

①"材料(设备)名称"填写砌筑砂浆。

②"品种"填写砂浆种类,如混合砂浆、水泥砂浆等。

③"型号(规格)"填写试件规格和砂浆的设计强度。

④"试验单编号"填写检测报告的编号,或者报告编号。

(2)表格练习

请根据给出的科研楼项目的砂浆立方体试件坑压强度检测报告(见表6-8、表6-9),填写汇总表(见表6-10)。

表 6-8 砂浆立方体试件抗压强度检测报告一

编号：JD/SK2014-00056

委托单位	四川华隆建筑有限公司			委托编号	JD/2014-00363	
工程名称	××公司科研楼项目			委托日期	2014.06.07	
检测性质	委托检测			送样人	×××	
来样方式	有见证送样			见证人	×××	
试件尺寸	70.7 mm×70.7 mm×70.7 mm			检测日期	2014.06.07	
依据标准	《建筑砂浆基本性能试验方法标准》(JGJ/T 70—2009)			报告日期	2014.06.07	
检测结果						
成型日期	工程部位 (砂浆种类)	设计强度等级	龄期/d	承压面积/mm²	破坏荷载/kN	抗压强度/MPa
						单块值　代表值
2014.05.10	科研楼一层 (混合砂浆)	M5.0	28	5 000	37.7	10.2
				5 000	37.9	10.2　10.4
				5 000	39.5	10.7
—	—	—	—	—	—	—
—	—	—	—	—	—	—
—	—	—	—	—	—	—
—	—	—	—	—	—	—
—	—	—	—	—	—	—
—	—	—	—	—	—	—
—	—	—	—	—	—	—
—	—	—	—	—	—	—
—	—	—	—	—	—	—
备注	标准养护					
声明	检测报告未加盖"CMA"和"检测资质专用章"无效					

审批：×××　　　　　　　校核：×××　　　　　　　主检：×××

表 6-9 砂浆立方体试件抗压强度检测报告二

编号：JD/SK2014-00057

委托单位	四川华隆建筑有限公司			委托编号	JD/2014-00363
工程名称	××公司科研楼项目			委托日期	2014.06.07
检测性质	委托检测			送样人	×××
来样方式	有见证送样			见证人	×××
试件尺寸	70.7 mm×70.7 mm×70.7 mm			检测日期	2014.06.14
依据标准	《建筑砂浆基本性能试验方法标准》(JGJ/T 70—2009)			报告日期	2014.06.14
检测结果					
成型日期	工程部位（砂浆种类）	设计强度等级	龄期/d	承压面积/mm²	破坏荷载/kN	抗压强度/MPa 单块值	代表值
2014.5.10	科研楼二层（混合砂浆）	M5.0	28	5 000	36.7	9.9	10.1
				5 000	36.9	10.0	
				5 000	38.5	10.4	
—	—	—	—	—	—	—	—
				—	—	—	
				—	—	—	
—	—	—	—	—	—	—	—
				—	—	—	
				—	—	—	
—	—	—	—	—	—	—	—
				—	—	—	
				—	—	—	
备注	标准养护						
声明	检测报告未加盖"CMA"和"检测资质专用章"无效						

审批：×××　　　　　　　　校核：×××　　　　　　　　主检：×××

表 6-10 主要原材料及构配件
出厂证明及试验单目录

单位工程名称：　　　　　　　　　施工单位：　　　　　　　　　　　共　页第　页

序号	材料（设备）名称	品种	型号（规格）	单位	代表数量	使用部位	出厂证明	试验单编号	备注

注册建造师（技术负责人）：（签字）	审核：（签字）	填表：（签字）

注：本表一式四份，建设单位、施工单位、监理单位、城建档案馆各一份。

3) 砌筑砂浆强度评定

(1) 填表说明

①本表只适用于砌筑砂浆的强度评定。

②单位工程砂浆试块抗压强度的评定应按砌筑砂浆的检验批进行。

③$f_{m,k}$表示砌筑砂浆的设计强度,$0.85f_m$表示设计强度的85%。

④"验收批各组试块强度"应填砂浆立方体抗压强度检测报告中的代表值。

⑤"最大值"和"最小值"分别指砂浆立方体抗压强度检测报告中一组3个试块的抗压强度值中最大和最小的值。

⑥评定结论根据评定结果据实填写。

(2) 表格练习

请根据科研楼的砌筑砂浆立方抗压强度检测报告的汇总表,填写砌筑砂浆强度评定表(见表6-11)。

表 6-11 砌筑砂浆强度评定

工程名称				施工单位		
养护条件						
序号	$f_{m,k}$	$0.85 f_m$	使用部位	验收批各组试块强度/MPa	最大值/MPa	最小值/MPa
评定结论						

注册建造师（技术负责人）：（签字）	审核人：（签字）	评定人：（签字）	监理工程师：（注册方章）
年 月 日	年 月 日	年 月 日	年 月 日

注：本表一式四份，建设单位、施工单位、监理单位、城建档案馆各一份。

4)单位工程混凝土试块强度汇总表

(1)填表说明

①汇总表应根据混凝土立方体试块抗压强度检测报告(见表 6-12 至表 6-16)中的信息汇总填写。

②标准养护和同条件养护的试块抗压强度检测报告应分开汇总,不同单位工程的混凝土试块抗压强度检测报告也应分开汇总。

③按照混凝土试块抗压强度检测报告中的取样日期的先后顺序进行汇总。

④"取样日期"按照混凝土试块抗压强度检测报告中的"成型时间"填写。

⑤"试样单编号"就是指混凝土试块抗压强度检测报告中的报告编号。

⑥"强度"填混凝土试块抗压强度检测报告中的"代表值"一栏中的数据。

⑦"施工层段部位"指的是混凝土试块抗压强度检测报告中"使用部位"。

(2)表格练习

请根据××公司科研楼工程的混凝土试块抗压强度检测报告,填写单位工程混凝土试块强度汇总表(见表 6-17)。

表 6-12　混凝土立方体试块抗压强度检测报告一

委托编号：201400027
报告编号：禾(E1)1024079

委托单位	四川华隆建筑有限公司			检验日期		2014.2.7	
工程名称	××公司科研楼项目			样品来源		见证取样	
检验类别	委托检测			项目地点		德阳	
依据标准	《普通混凝土力学性能试验方法标准》(GB/T 50081—2002)						
检验编号	设计强度	养护方式	成型时间	龄期/d	试件规格/mm³	破坏荷载/kN	抗压强度/MPa	
							单块值	代表值
E1-100422108	C15	标准养护	2014.01.10	28	100×100×100	193.2	18.4	18.7
						208.1	19.8	
						188.5	17.9	
配合比编号	—	代表批量		—		累计温度	—	
使用部位	科研楼垫层							
检验编号	设计强度	养护方式	成型时间	龄期/d	试件规格/mm³	破坏荷载/kN	抗压强度/MPa	
							单块值	代表值
配合比编号	—	代表批量		—		累计温度	—	
使用部位								
检验编号	设计强度	养护方式	成型时间	龄期/d	试件规格/mm³	破坏荷载/kN	抗压强度/MPa	
							单块值	代表值
配合比编号	—	代表批量		—		累计温度	—	
使用部位								
备注	—							
声明	检测报告未加盖"CMA"和"检测资质专用章"无效							

签发：×××　　　　　　审核：×××　　　　　　检验：×××

表6-13 混凝土立方体试块抗压强度检测报告二

委托编号:201400053
报告编号:禾(E1)1024162

委托单位	四川华隆建筑有限公司					检验日期		2014.02.12	
工程名称	××公司科研楼项目					样品来源		见证取样	
检验类别	委托检测					项目地点		德阳	
依据标准	《普通混凝土力学性能试验方法标准》(GB/T 50081—2002)								
检验编号	设计强度	养护方式	成型时间	龄期/d	试件规格/mm³	破坏荷载/kN	抗压强度/MPa		
							单块值	代表值	
E1-100422215	C30	标准养护	2014.01.15	28	100×100×100	384.8	36.6	35.4	
						365.9	34.8		
						368.7	35.0		
配合比编号	—		代表批量	—		累计温度			
使用部位	科研楼承台								
检验编号	设计强度	养护方式	成型时间	龄期/d	试件规格/mm³	破坏荷载/kN	抗压强度/MPa		
							单块值	代表值	
配合比编号	—		代表批量	—		累计温度			
使用部位									
检验编号	设计强度	养护方式	成型时间	龄期/d	试件规格/mm³	破坏荷载/kN	抗压强度/MPa		
							单块值	代表值	
配合比编号	—		代表批量	—		累计温度			
使用部位									
备注	—								
声明	检测报告未加盖"CMA"和"检测资质专用章"无效								

签发:×××　　　　　审核:×××　　　　　检验:×××

表6-14 混凝土立方体试块抗压强度检测报告三

委托编号:201409035
报告编号:禾(E1)1024311

委托单位	四川华隆建筑有限公司						检验日期	2014.02.22
工程名称	××公司科研楼项目						样品来源	见证取样
检验类别	委托检测						项目地点	德阳
依据标准	《普通混凝土力学性能试验方法标准》(GB/T 50081—2002)							
检验编号	设计强度	养护方式	成型时间	龄期/d	试件规格/mm³	破坏荷载/kN	抗压强度/MPa	
							单块值	代表值
E1-100422121	C30	标准养护	2014.01.25	28	100×100×100	340.2	32.3	34.1
						351.7	33.4	
						385.2	36.6	
配合比编号	—		代表批量	—		累计温度	—	
使用部位	科研楼基础柱、一层梁							
检验编号	设计强度	养护方式	成型时间	龄期/d	试件规格/mm³	破坏荷载/kN	抗压强度/MPa	
							单块值	代表值
配合比编号	—		代表批量	—		累计温度	—	
使用部位								
检验编号	设计强度	养护方式	成型时间	龄期/d	试件规格/mm³	破坏荷载/kN	抗压强度/MPa	
							单块值	代表值
配合比编号	—		代表批量	—		累计温度	—	
使用部位								
备注	—							
声明	检测报告未加盖"CMA"和"检测资质专用章"无效							

签发:××× 审核:××× 检验:×××

表 6-15 混凝土立方体试块抗压强度检测报告四

委托编号:201409158
报告编号:禾(E1)1024576

委托单位	四川华隆建筑有限公司					检验日期		2014.04.17	
工程名称	××公司科研楼项目					样品来源		见证取样	
检验类别	委托检测					项目地点		德阳	
依据标准	《普通混凝土力学性能试验方法标准》(GB/T 50081—2002)								
检验编号	设计强度	养护方式	成型时间	龄期/d	试件规格/mm³	破坏荷载/kN	抗压强度/MPa		
							单块值	代表值	
E1-100422314	C30	标准养护	2014.01.25	28	100×100×100	363.5	34.5	34.8	
						361.2	34.3		
						375.4	35.7		
配合比编号	—		代表批量	—		累计温度	—		
使用部位	科研楼一层柱梯、二层梁板								
检验编号	设计强度	养护方式	成型时间	龄期/d	试件规格/mm³	破坏荷载/kN	抗压强度/MPa		
							单块值	代表值	
配合比编号	—		代表批量	—		累计温度	—		
使用部位									
检验编号	设计强度	养护方式	成型时间	龄期/d	试件规格/mm³	破坏荷载/kN	抗压强度/MPa		
							单块值	代表值	
配合比编号	—		代表批量	—		累计温度	—		
使用部位									
备注	—								
声明	检测报告未加盖"CMA"和"检测资质专用章"无效								

签发:××× 审核:××× 检验:×××

表 6-16 混凝土立方体试块抗压强度检测报告五

委托编号:201409205
报告编号:禾(E1)1024797

委托单位	四川华隆建筑有限公司					检验日期	2014.05.08	
工程名称	××公司科研楼项目					样品来源	见证取样	
检验类别	委托检测					项目地点	德阳	
依据标准	《普通混凝土力学性能试验方法标准》(GB/T 50081—2002)							
检验编号	设计强度	养护方式	成型时间	龄期/d	试件规格/mm³	破坏荷载/kN	抗压强度/MPa	
							单块值	代表值
E1-100422379	C30	标准养护	2014.04.10	28	100×100×100	373.4	35.5	36.1
						378.2	35.9	
						387.8	36.8	
配合比编号	—		代表批量	—		累计温度	—	
使用部位	科研楼二层柱梯、屋面梁板							
检验编号	设计强度	养护方式	成型时间	龄期/d	试件规格/mm³	破坏荷载/kN	抗压强度/MPa	
							单块值	代表值
配合比编号	—		代表批量	—		累计温度	—	
使用部位								
检验编号	设计强度	养护方式	成型时间	龄期/d	试件规格/mm³	破坏荷载/kN	抗压强度/MPa	
							单块值	代表值
配合比编号	—		代表批量	—		累计温度	—	
使用部位								
备注	—							
声明	检测报告未加盖"CMA"和"检测资质专用章"无效							

签发:×××　　　　　　　审核:×××　　　　　　　检验:×××

表 6-17 单位工程混凝土试块强度汇总表

工程名称： 施工单位：

取样日期	试样单编号	试验单位	设计强度	龄期/d	强度/MPa	施工层段部位

填表人：(签字) 年 月 日	注册建造师(技术负责人)：(签字) 年 月 日	监理工程师：(注册方章) 年 月 日

注：本表一式四份，建设单位、施工单位、监理单位、城建档案馆各一份。

5) 混凝土强度合格评定

(1) 填表说明

① 混凝土强度应分批进行合格评定。一个检验批的混凝土应由强度等级相同、试验龄期相同、生产工艺条件和配合比基本相同的混凝土组成。

② "水泥品种及标号""配合比(重量比)""坍落度"均根据混凝土配合比通知单中的信息填写。

③ "同批混凝土代表数量"为评定的这一个检验批混凝土的数量。

④ "验收批各组试件(弯拉)强度"应填检验报告中各组试块的代表值。

(2) 表格练习一

① 请根据单位工程混凝土试块强度汇总表中的信息,在表 6-18 中评定科研楼主体结构中的 C30 试块强度报告。

② C30 混凝土的配合比设计报告中有如下信息。

名称	水	水泥	砂	石	掺和料	外加剂
材料用量/(kg/m³)	182	331	870	1027	73	8.08
比例	0.55	1.00	2.63	3.10	0.22	0.024
混凝土坍落度/mm	160~200			水泥品种、标号		P·O 42.5R

(3) 表格练习二

请根据如下信息填写表 6-19。

① 某办公楼工程主体柱梁板使用的 C25 混凝土试块强度报告(标准养护)中,各组混凝土试块的强度代表值如下(单位为 MPa):28.5、27.4、26.9、27.8、28.6、28.0、27.3、27.5、28.3、29.1、32.4、28.8。

② C25 混凝土的配合比设计报告中有如下信息。

名称	水	水泥	砂	石	掺和料	外加剂
材料用量/(kg/m³)	180	304	783	1039	76	7.98
比例	0.59	1.00	2.58	3.42	0.25	0.026
混凝土坍落度/mm	160~200			水泥品种、标号		P·O 42.5R

③ 施工单位为××建筑有限公司。

表 6-18 混凝土(弯拉)强度合格评定(C30)

施工单位：

单位工程名称						混凝土强度等级			
水泥品种及标号	配合比(重量比)					坍落度/cm	养护条件	同批混凝土代表数量/m³	结构部位
	水	水泥	砂	石子	外加剂				

试件组数 n=	合格判定系数 λ_1 =	λ_3 =
	λ_2 =	λ_4 =

同一验收批强度平均值：　　　　最小值 $f_{cu,min}$ =

前一检验期强度标准差：

同一验收批强度标准差：

验收批各组试件(弯拉)强度：

标准差已知统计方法	$m_{f_{cu}}$ =　　MPa $f_{cu,k}+0.7\sigma_0$ = $m_{f_{cu}}$　$f_{cu,k}+0.7\sigma_0$ $f_{cu,min}$ =　　MPa $f_{cu,k}-0.7\sigma_0$ = $f_{cu,min}$　$f_{cu,k}-0.7\sigma_0$	弯拉强度试件大于10组	弯拉强度试件小于10组	标准差未知统计方法	$m_{f_{cu}}$ =　　MPa $f_{cu,k}+\lambda_1 \cdot S_{f_{cu}}$ = $m_{f_{cu}}$　$f_{cu,k}+\lambda_1 \cdot S_{f_{cu}}$ $f_{cu,min}$ =　　MPa $\lambda_2 \cdot f_{cu,k}$ = $f_{cu,min}$　$\lambda_2 \cdot f_{cu,k}$	非统计方法	$m_{f_{cu}}$ =　　MPa $\lambda_3 \cdot f_{cu,k}$ = $m_{f_{cu}}$　$\lambda_3 \cdot S_{f_{cu}}$ $f_{cu,min}$ =　　MPa $\lambda_4 \cdot f_{cu,k}$ = $f_{cu,min}$　$\lambda_4 \cdot f_{cu,k}$

验收评定结论：
根据《混凝土强度检验评定标准》(GB/T 50107—2010)　　　　方法进行评定，　　　合格标准

注册建造师(技术负责人)：(签字)	审核人：(签字)	评定人：(签字)	监理工程师：(注册方章)	
年 月 日	年 月 日	年 月 日	年 月 日	年 月 日

注：本表一式四份,建设单位、施工单位、监理单位、城建档案馆各一份。

表 6-19 混凝土(弯拉)强度合格评定(C25)

施工单位：

单位工程名称						混凝土强度等级			
水泥品种及标号	配合比(重量比)					坍落度 /cm	养护条件	同批混凝土代表数量/m³	结构部位
	水	水泥	砂	石子	外加剂				

试件组数 $n=$　　　　　合格判定系数 $\lambda_1=$　　　　　$\lambda_3=$
　　　　　　　　　　　　　　　　　　$\lambda_2=$　　　　　$\lambda_4=$

同一验收批强度平均值：　　　　最小值 $f_{cu,min}=$

前一检验期强度标准差：

同一验收批强度标准差：

验收批各组试件弯拉强度：

标准差已知统计方法	弯拉强度试件大于10组	弯拉强度试件小于10组	标准差未知统计方法		非统计方法
$m_{f_{cu}}=$　　MPa $f_{cu,k}+0.7\sigma_0=$ $m_{f_{cu}}\quad f_{cu,k}+0.7\sigma_0$ $f_{cu,min}=$　　MPa $f_{cu,k}-0.7\sigma_0=$ $f_{cu,min}\quad f_{cu,k}-0.7\sigma_0$			$m_{f_{cu}}=$　　MPa $f_{cu,k}+\lambda_1 \cdot S_{f_{cu}}$ $m_{f_{cu}}\quad f_{cu,k}+\lambda_1 \cdot S_{f_{cu}}$ $f_{cu,min}=$　　MPa $\lambda_2 \cdot f_{cu,k}=$ $f_{cu,min}\quad \lambda_2 \cdot f_{cu,k}$		$m_{f_{cu}}=$　　MPa $\lambda_3 \cdot f_{cu,k}=$ $m_{f_{cu}}\quad \lambda_3 \cdot S_{f_{cu}}$ $f_{cu,min}=$　　MPa $\lambda_4 \cdot f_{cu,k}=$ $f_{cu,min}\quad \lambda_4 \cdot f_{cu,k}$

验收评定结论：
根据《混凝土强度检验评定标准》(GB/T 50107—2010)　　　　方法进行评定，　　　　合格标准

注册建造师(技术负责人)：(签字)	审核人：(签字)	评定人：(签字)	监理工程师：(注册方章)
年　月　日	年　月　日	年　月　日	年　月　日

注：本表一式四份，建设单位、施工单位、监理单位、城建档案馆各一份。

单元七 施工质量验收资料

一、实训条件

《实训练习册》、普通教室,有条件的可以到工地现场或类似的实训区域体验检验批的施工质量验收。

二、本单元实训任务

子单元一:检验批质量验收记录
子单元二:分项工程质量验收记录
子单元三:分部工程质量验收记录

子单元一 检验批质量验收记录

1)土方开挖工程检验批

(1)填表说明

①本表适用于施工现场附近无重要建筑物或重要公共设施、基坑暴露时间不长的土方开挖工程检验批质量验收记录。

②土方开挖检验批的划分:一般一个单位工程应划分为一个检验批,若施工面不连续且分批施工时,也可划分成若干个检验批,但不宜过多。

③"分项工程名称"为该检验批所属的分项工程的名称。

④"施工执行标准及编号"为该检验批所属的专业质量验收规范的名称及编号。

⑤"F 分项"应根据工程实际情况选择其中一项,如普通房屋建筑工程的基坑开挖应选择"柱基、基坑、基槽"这一项。

⑥"标高"是指土方开挖后的底面标高;"长度、宽度"是指开挖后的长度、宽度,由设计的中心线向两边量,其偏差应符合表 7-1 中的规定。对弧形线从圆心沿半径方向往外量。

⑦"标高""长度、宽度""表面平整度"右边的数据分别表示规范允许偏差或允许值。

⑧对于检验结果用数据表示的检验项目,如果是主控项目,其检查结果不允许超出规范允许值或允许偏差,否则该检验批视为不合格。

⑨对于检验结果用数据表示的检验项目,如果是一般项目,检查结果在规范允许范围内的据实填写;检查结果在规范允许值的 100%~150%(其中钢结构为 100%~120%)范围内的,检查数据应用○标记;检查结果超过规范允许值的 150%(钢结构为 120%)的,用△标记。如果检验批验收结果出现最后一种情况,则该检验批视为不合格。

⑩本表一式四份,建设、监理单位各一份,施工单位两份。

(2)表格练习

①请根据图纸填写本工程的土方开挖工程检验批质量验收记录(见表 7-1)一张。

②假设本工程的土方开挖检验批验收均合格。

③数据项检查结果自己假定。

④本工程土方开挖为一次性开挖,没有分段。

表 7-1 土方开挖工程检验批质量验收记录

工程名称						分项工程名称			验收部位	
施工单位						项目负责人			分包单位	
项目负责人（分包单位）						专业工长			施工班组长	
施工执行标准及编号						建筑地基基础工程施工质量验收规范(GB 50202—2002)				

质量验收规范的规定						施工单位检查评定记录	监理（建设）单位验收记录
分类 \ F分项	柱基基坑基槽	挖方场地平整		管沟	地面（路）基层		
		人工	机械				
主控项目 — 边坡							
标高	−50	±30	±50	−50	−50		
设计给定值							
长度、宽度（由设计中心线向两边量）	+200 −50	+300 −100	+500 −150	+100	—		
设计给定值							
一般项目 表面平整度	20	20	50	20	20		
基底土性	设计给定值：						

共实测　　点,其中合格　　点,不合格　　点,合格率　　%

施工单位检查评定结果	项目专业质量检查员：　　　　　项目专业质量（技术）负责人：　　　　　年　月　日
监理（建设）单位验收结论	监理工程师（建设单位项目技术负责人）：　　　　　　　　　　　　　　　年　月　日

注：表中允许偏差、实测值单位为"mm"。

2)土方回填工程检验批

(1)填表说明

①本表适用于土方回填分项工程检验批质量验收记录。

②土方回填检验批的划分:一般应划分为一个检验批,当回填工程不连续且分批施工时,也可划分成若干个检验批,但不宜过多。

③"F 分项"应根据工程实际情况选择其中一项。

④"标高"指土方回填后的表面标高,其允许偏差应控制在规定范围内,每检验批复测点不少于5点。

⑤"分层压实系数",对于重要工程应在现场试验后由设计给出分层压实系数和检测点位数。

⑥"回填土料"应符合设计要求,可直观鉴别,对重要工程可按设计要求取样检测。

⑦"分层厚度及含水量",对于重要工程应在现场试验,由设计确定分层厚度和含水量,当无设计要求时,应参照《建筑地基基础工程施工质量验收规范》(GB 50202—2002)中表6.3.3确定分层厚度和压实系数。

(2)表格练习

①请根据图纸填写本工程的土方回填工程检验批质量验收记录(见表7-2)一张。

②假设本工程的土方回填检验批验收均合格。

③数据项检查结果自己假定。

④本工程土方回填未分段。

表 7-2 土方回填工程检验批质量验收记录

工程名称						分项工程名称			验收部位	
施工单位						项目负责人			分包单位	
项目负责人（分包单位）						专业工长			施工班组长	
施工执行标准及编号						《建筑地基基础工程施工质量验收规范》(GB 50202—2002)				
质量验收规范的规定										
F 分项 分类		桩基基坑基槽	挖方场地平整		管沟	地(路)面基层	施工单位检查评定记录		监理(建设)单位验收记录	
			人工	机械						
主控项目	标高	−50	±30	±50	−50	−50				
	设计给定值									
	分层压实系数	设计给定值								
一般项目	回填土料	设计给定值								
	分层厚度及含水量	设计给定值	分层厚度　cm							
	表面平整度	20	20	30	20	20				
共实测　　点,其中合格　　点,不合格　　点,合格点率　　%										
施工单位检查评定结果		项目专业质量检查员： 项目专业质量(技术)负责人： 年　月　日								
监理(建设)单位验收结论		监理工程师(建设单位项目技术负责人)： 年　月　日								

注：表中允许偏差、实测值单位为"mm"。

3)砖砌体工程检验批

(1)填表说明

①本表适用于烧结普通砖、烧结多孔砖、蒸压灰砂砖、粉煤灰砖等砌体工程的施工质量验收记录。

②《砌体结构工程施工质量验收规范》(GB 50203—2011)有以下规定。

A.砌体结构工程检验批的划分应同时符合下列规定:

a.所用材料类型及同类型材料的强度等级相同;

b.不超过 250 m^3 砌体;

c.主体结构砌体一个楼层(基础砌体可按一个楼层计),填充墙砌体量少时可多个楼层合并。

B.砌体结构工程检验批验收时,其主控项目应全部符合本规范的规定;一般项目应有 80% 及以上的抽检处符合本规范的规定;有允许偏差的项目,最大超差值为允许偏差值的 1.5 倍。

C.砌体结构分项工程中检验批抽检时,各抽检项目的样本最小容量除有特殊要求外,按不小于 5 确定。

③砖和砂浆的强度等级应检查砖的复检报告和砂浆试块试验报告。

④砂浆饱满度的检查用百格网检查砖面与砂浆的黏结痕迹面积。

(2)表格练习

①请根据图纸填写本工程的砖砌体工程检验批质量验收记录(见表 7-3)一张。

②假设本工程的砖砌体检验批验收均合格。

③数据项检查结果自己假定。

④验收部位为一层砖墙(卫生间 1800 以下)。

表 7-3 砖砌体工程检验批质量验收记录

工程名称				分项工程名称		验收部位	
施工单位						项目经理	
施工执行标准及编号				《砌体结构工程施工质量验收规范》(GB 50203—2011)		专业工长	
分包单位						施工班组长	

	质量验收规范的规定			施工单位检查评定记录						监理(建设)单位验收记录
主控项目	砖强度等级必须符合设计要求									
	砂浆强度等级符合设计要求									
	斜槎留置,直槎拉结筋及接槎处理:抗震设防烈度为8度及8度以上地区,临时间断处应砌成斜槎,普通砖斜槎水平投影长度不应小于高度的2/3,多孔砖斜槎长高比不应小于1/2。非抗震及6度、7度设防地区除转角外可留直槎,按设计及规范要求设拉结筋									
	转角处、交接处应同时砌筑,严禁无可靠措施的内外墙分砌施工									
	砂浆饱满度		≥80%(墙)							
			≥90%(柱)							
一般项目	轴线位移			≤10 mm						
	垂直度	每层		≤5 mm						
		全高	≤10 m	≤10 mm						
			10 m	≤20 mm						
	组砌方法应正确									
	水平灰缝厚度			8~12 mm						
	竖向灰缝厚度			8~12 mm						
	基础顶面、楼面标高			±5 mm以内						
	表面平整度	清水墙柱		≤5 mm						
		混水墙柱		≤8 mm						
	门窗洞口高宽(后塞口)			±10 mm以内						
	外墙上下窗口偏移			≤20 mm						
	水平灰缝平直度	清水墙柱		≤7 mm						
		混水墙柱		≤10 mm						
	清水墙游丁走缝			≤20 mm						

共实测　　点,其中合格　　点,不合格　　点,合格点率　　%

施工单位检查评定结果	项目专业质量检查员:　　　　　项目专业质量(技术)负责人:　　　　　年　月　日
监理(建设)单位验收结论	监理工程师(建设单位项目技术负责人):　　　　　　　　　　　　　　　年　月　日

注:表中允许偏差、实测值单位为"mm"。

4) 钢筋加工工程检验批

(1) 填表说明

①钢筋加工检验批的划分:钢筋加工按工作班划分为若干个检验批。

②检验数量:按每工作班同一类型钢筋、同一加工设备抽查,不应少于3件。

③表中"D"为钢筋直径,长度单位均为"mm"。

④一定要结合设计图纸和实际检查情况填写本表。

(2) 表格练习

①请根据图纸填写本工程的钢筋加工检验批质量验收记录(见表7-4)一张。

②假设本工程的钢筋加工检验批验收均合格。

③数据项检查结果自己假定。

④验收部位为一层柱梁板(1~7/A~C;基础顶~+3.550 m)。

表 7-4 钢筋加工检验批质量验收记录

工程名称			分项工程			
验收部位			施工单位			
项目负责人			专业工长		施工班组长	
施工执行标准及编号		《混凝土结构工程施工质量验收规范》(GB 50204—2015)				
质量验收的规定			施工单位检查评定记录		监理(建设)单位验收记录	

	质量验收的规定			施工单位检查评定记录	监理(建设)单位验收记录
主控项目	钢筋弯折的弯弧内直径应符合以下规定。 ①光圆钢筋大于等于 2.5D。 ②335 MPa 级、400 MPa 级带肋钢筋大于等于 4D。 ③500 MPa 级带肋钢筋,直径为 28 mm 以下时大于等于 6D;直径为 28 mm 及以上时大于等于 7D。 ④箍筋弯折处尚不应小于受力钢筋的直径				
	纵向受力钢筋的弯后平直长度应符合设计要求。光圆钢筋末端作 180°弯钩时,弯后平直长度大于等于 3D				
	箍筋、拉筋的末端应按设计要求作弯钩,并应符合以下规定: ①箍筋一般结构大于等于 90°,箍筋弯后平直长度大于等于 5D;有抗震要求的结构,箍筋弯折角度大于等于 135°,箍筋弯后的平直长度大于等于 10D; ②圆形箍筋的搭接长度不应小于其受拉锚固长度,且两末端弯钩的弯折角度大于等于 135°,弯后平直长度对一般结构大于等于 5D,对有抗震要求的结构大于等于 10D; ③梁柱复合箍筋中的单肢箍筋两端的弯折角度大于等于 135°,弯后平直长度满足本条①的要求				
	盘卷钢筋调直后的力学性能和重量偏差检验结果应符合规范要求				
一般项目	受力钢筋顺长度方向全长的净尺寸	设计给定值	±10		
	弯起钢筋弯折位置	设计给定值	±20		
	箍筋内净尺寸	设计给定值	±5		

共实测　　点,其中合格品　　点,不合格　　点,合格点率　　%

施工单位检查评定结果	项目专业质量检查员:　　　　项目专业质量(技术)负责人:	年　月　日
监理(建设)单位验收结论	监理工程师(建设单位项目技术负责人):	年　月　日

注:表中允许偏差、实测值单位为"mm"。

5)钢筋安装工程检验批

(1)填表说明

①本表主要适用于现浇钢筋混凝土结构的钢筋安装工程。

②钢筋安装检验批的划分:钢筋安装工程应按照与施工方案或施工组织设计方式相一致且便于控制施工质量的原则,按工作班、楼层、结构缝或施工段划分为若干个检验批。

③检查数量:表中的主控项目应全数检查,一般项目的检查数量不得少于3。

④表中偏差值单位均为"mm"。

⑤"绑扎钢筋网"这一项主要是针对板和墙等构件;"绑扎钢筋骨架"主要是针对柱、梁、基础等构件。

(2)表格练习

①请根据图纸填写本工程的钢筋安装检验批质量验收记录(见表7-5)一张。

②假设本工程的钢筋安装检验批验收均合格。

③数据项检查结果自己假定。

④验收部位为一层柱梁板(1~7/A~C;基础顶~+3.550 m)。

表 7-5 钢筋安装工程检验批质量验收记录

工程名称													分项工程名称							
验收部位													施工单位							
项目负责人													专业工长					施工班组长		
施工执行标准及编号													《混凝土结构工程施工质量验收规范》(GB 50204—2015)							
	质量验收规范的规定					施工单位检查评定记录												监理(建设)单位验收记录		
主控项目	受力钢筋的牌号、规格和数量必须符合设计要求																			
	受力钢筋的安装位置、锚固方式应符合设计要求																			
一般项目	绑扎钢筋网		长、宽	±10																
			网眼尺寸	±20																
	绑扎钢筋骨架		长	±10																
			宽、高	±5																
	纵向受力钢筋		锚固长度	−20																
			间距	±10																
			排距	±5																
	纵向受力钢筋、箍筋的混凝土保护层厚度		基础	±10																
			柱、梁	±5																
			板、墙、壳	±3																
	绑扎箍筋、横向钢筋间距			±20																
	钢筋弯起点位置			20																
	预埋件		中心线位置	5																
			水平高差	+3,0																
共实测　　点,其中合格　　点,不合格　　点,合格点率　　%																				
施工单位检查评定结果		项目专业质量检查员:							项目专业质量(技术)负责人:										年　月　日	
监理(建设)单位验收结论		监理工程师(建设单位项目技术负责人):																	年　月　日	

注:表中允许偏差、实测值单位为"mm"。

6)模板工程工程检验批

(1)填表说明

①本表主要适用于现浇钢筋混凝土构件中的模板安装工程施工质量验收。

②模板工程检验批的划分:模板安装工程应根据与施工组织设计或施工方案相一致且便于控制施工质量的原则,按工作班、楼层、结构缝或施工段划分为若干个检验批。

③在《混凝土结构工程施工质量验收规范》(GB 50204—2015)中,模板安装工程的主控项目有如下4条。

A.模板及支架用材料的技术指标应符合国家现行有关标准的规定。进场时应抽样检验模板和支架材料的外观、规格、尺寸。

B.现浇混凝土结构模板及支架的安装质量,应符合国家现行有关标准的规定和施工方案的要求。

C.后浇带处的模板及支架应独立设置。

D.支架竖杆和竖向模板安装在土层上时,应符合下列规定:

a.土层应坚实、平整,其承载力或密实度应符合施工方案的要求;

b.应有防水、排水措施,对冻胀土应有预防冻融措施;

c.支架竖杆下应有底座或垫板。

④一般项目的"起拱"项,指的是对跨度不小于4 m的现浇钢筋混凝土梁、板,其模板施工起拱高度宜为梁、板跨度的1/1 000~3/1 000;起拱不得减小构件的截面高度。

⑤一般项目允许偏差值的单位为"mm"。

(2)表格练习

①请根据图纸填写本工程的模板工程检验批质量验收记录(见表7-6)一张。

②假设本工程的模板工程检验批验收均合格。

③数据项检查结果自己假定。

④验收部位为一层柱梁板(1~7/A~C;基础顶~+3.550 m)。

表 7-6 模板工程检验批质量验收记录

工程名称				分项工程名称									
验收部位				施工单位									
项目负责人				专业工长			施工班组长						
施工执行标准及编号			《混凝土结构工程施工质量验收规范》(GB50204—2015)										
质量验收规范的规定			施工单位检查评定记录									监理(建设)单位验收记录	
主控项目	模板及支架材料		A										
	模板及支架安装		B										
	后浇带处的模板及支架应独立设置		C										
	安装在土层上的支架竖杆和模板		D										
一般项目	轴线位置		5										
	底模上表面标高		±5										
	模板内部尺寸	基础	±10										
		梁、柱、墙	±5										
		楼梯相邻踏步高差	±5										
	垂直度	柱、墙层高小于等于6 m	8										
		柱、墙层高大于6 m	10										
	相邻两板表面高低差		2										
	表面平整度		5										
	预埋钢板中心线位置		3										
	预埋管、预留孔中心线位置		3										
	插筋	中心线位置	5										
		外露长度	+10,0										
	预埋螺栓	中心线位置	2										
		外露长度	+10,0										
	预留洞	中心线位置	10										
		尺寸	+10,0										
	起拱	梁、板不小于4 m	1/1000~3/1000										
共实测　　点,其中合格　　点,不合格　　点,合格点率　　%													
施工单位检查评定结果	项目专业质量检查员：　　　　项目专业质量(技术)负责人：　　　　　　年　月　日												
监理(建设)单位验收结论	监理工程师(建设单位项目技术负责人)：　　　　　　　　　　　　　　　年　月　日												

7)混凝土工程施工检验批

(1)填表说明

①本表用于对混凝土工程施工的质量验收,如搅拌、运输、浇筑和养护环节。

②检验批的划分:混凝土工程可根据与施工方式相一致且便于控制施工质量的原则,按工作班、楼层、结构缝或施工段划分为若干个检验批。

③结构混凝土的强度等级的检查,主要检查施工记录及混凝土试件强度试验报告。

④由于该检验批验收时,混凝土 28 d 强度试验报告未出,因此,该检验批根据施工需要需进行二次验收,并在分项工程验收时进一步评定强度及验收。

(2)表格练习

①请根据图纸填写本工程的混凝土工程施工检验批质量验收记录(见表 7-7)一张。

②假设本工程的混凝土工程施工检验批验收均合格。

③数据项检查结果自己假定。

④验收部位为一层柱梁板(1~7/A~C;基础顶~+3.550 m)。

表 7-7 混凝土工程施工检验批质量验收记录

工程名称		分项工程名称		验收部位	
施工单位		项目负责人		专业工长	
分包单位		项目负责人（分包单位）		施工班组长	
施工执行标准及编号		《混凝土结构工程施工质量验收规范》(GB 50204—2015)			
质量验收规范的规定		施工单位检查评定记录		监理(建设)单位验收记录	
主控项目	混凝土的强度等级必须符合设计要求。用于检查混凝土强度的试件应在浇筑地点随机抽取。取样与试件留置应符合规定				
一般项目	后浇带的留设应符合设计要求,后浇带和施工缝的留设及处理方法应符合施工方案要求				
	混凝土浇筑完毕后应及时进行养护,养护时间及养护方法应符合施工方案要求				
施工单位检查评定结果	项目专业质量检查员：　　　项目专业质量(技术)负责人：　　　年　月　日				
监理(建设)单位验收结论	监理工程师(建设单位项目技术负责人)：　　　　　　　　　　　年　月　日				

8）现浇结构混凝土工程检验批

（1）填表说明

①本表主要用于混凝土构件拆模以后、混凝土表面未作修整和装饰前的质量检查验收。

②检验批的划分：现浇结构混凝土工程可根据与施工方式相一致且便于控制施工质量的原则，按工作班、楼层、结构缝或施工段划分为若干个检验批。

③主控项目的第1项：外观质量。

《混凝土结构工程施工质量验收规范》（GB 50204—2015）第8.2.1条规定：现浇结构的外观质量不应有严重缺陷；对已经出现的严重缺陷，应由施工单位提出技术处理方案，并经监理单位认可后进行处理；对裂缝、连接部位出现的严重缺陷及其他影响结构安全的严重缺陷，技术处理方案尚应经设计单位认可；对经处理的部位应重新验收。

④主控项目的第2项：尺寸偏差。

《混凝土结构工程施工质量验收规范》（GB 50204—2015）第8.3.1条规定：现浇结构不应有影响结构性能和使用功能的尺寸偏差；混凝土设备基础不应有影响结构性能和设备安装的尺寸偏差；对超过尺寸允许偏差且影响结构性能和安装、使用功能的部位，应由施工单位提出技术处理方案，并经监理、设计单位认可后进行处理；对经处理的部位应重新验收。

⑤一般项目的第1项：外观质量。

《混凝土结构工程施工质量验收规范》（GB 50204—2015）第8.2.2条规定：现浇结构的外观质量不应有一般缺陷；对已经出现的一般缺陷，应由施工单位按技术处理方案进行处理；对经处理的部位应重新验收。

⑥主控项目应全数检查，一般项目的第1项也应全数检查，第2项的抽检数量不得少于3。

⑦表中一般项目允许偏差值的单位为"mm"。

（2）表格练习

①请根据图纸填写本工程的现浇结构混凝土工程检验批质量验收记录（见表7-8）一张。

②假设本工程的现浇结构混凝土工程检验批验收均合格。

③数据项检查结果自己假定。

④验收部位为一层柱梁板（1～7/A～C；基础顶～+3.550 m）。

表 7-8 现浇结构混凝土工程检验批质量验收记录

工程名称					分项工程名称		
验收部位					施工单位		
项目负责人				专业工长		施工班组长	
施工执行标准及编号				《混凝土结构工程施工质量验收规范》(GB 50204—2015)			
质量验收规范的规定				施工单位检查评定记录		监理(建设)单位验收记录	

			质量验收规范的规定		施工单位检查评定记录	监理(建设)单位验收记录
主控项目			外观质量	8.2.1条		
			尺寸偏差	8.3.1条		
一般项目			外观质量	8.2.2条		
	尺寸偏差	轴线位置	整体基础	15		
			独立基础	10		
			墙柱梁	8		
		垂直度	柱、墙层高 ≤6 m	10		
			柱、墙层高 >6 m	12		
			全高 H≤300 m	H/3000+20		
			全高 H>300 m	H/1000且≤80		
		标高	层高	±10		
			全高	±30		
		截面尺寸	基础	+15,-10		
			柱、梁、板、墙	+10,-5		
			楼梯相邻踏步高差	±6		
		电梯井洞	中心位置	10		
			长、宽尺寸	+25,0		
		表面平整度		8		
		预埋件中心线位置	预埋板	10		
			预埋螺栓	5		
			预埋管	5		
			其他	10		
		预留洞、孔中心线位置		15		

共实测   点,其中合格   点,不合格   点,合格点率   %

施工单位检查评定结果	项目专业质量检查员:　　　　项目专业质量(技术)负责人:	年　月　日
监理(建设)单位验收结论	监理工程师(建设单位项目技术负责人):	年　月　日

9)一般抹灰工程检验批

(1)填表说明

①本表适用于石灰砂浆、水泥砂浆、水泥混合砂浆、聚合物水泥砂浆和麻刀石灰、纸筋石灰、石膏灰等一般抹灰工程检验批质量验收。

②检验批的划分。

a.相同材料、工艺和施工条件的室外抹灰工程每 500～1000 m^2 应划分为一个检验批,不足 500 m^2 应划分为一个检验批。

b.相同材料、工艺和施工条件的室内抹灰工程每 50 个自然间(大面积房间和走廊按抹灰面积 30 m^2 为一间)应划分为一个检验批,不足 50 间也应划分为一个检验批。

③检查数量。

a.室内每个检验批应至少抽查 10%,并不得少于 3 间,不足 3 间时应全数检查。

b.室外每个检验批每 100 m^2 应至少抽查 1 处,每处不得小于 10 m^2。

④填写一般项目的第 5～10 项前,应先根据实际抹灰情况勾选普通抹灰,或者是高级抹灰。

⑤表中一般项目允许偏差值的单位为"mm"。

(2)表格练习

①请根据图纸填写本工程的一般抹灰工程检验批质量验收记录(见表 7-9)一张。

②假设本工程的一般抹灰工程检验批验收均合格。

③数据项检查结果自己假定。

④验收部位为外墙。

表 7-9 一般抹灰工程检验批质量验收记录

工程名称				分项工程名称		
验收部位				施工单位		
项目负责人			专业工长		施工班组长	
施工执行标准及编号			《建筑装饰装修工程质量验收规范》(GB 50210—2001)			
	质量验收规范的规定			施工单位检查评定记录		监理(建设)单位验收记录
主控项目	基层表面应干净,洒水润湿					
	材料的品种、性能、砂浆的配合比符合设计要求,水泥凝结时间、安全性复验合格					
	抹灰应分层;当抹灰层总厚度大于等于 35 mm 时应采取措施;不同材料基体交接处应采取防裂措施;当采用加强网时,加强网与基体搭接宽度大于等于 100 mm					
	抹灰层与基层及抹灰层之间黏结牢固,抹灰层无脱层、空鼓,面层应无爆灰和裂缝					
一般项目	护角、孔洞、槽、盒周围的抹灰表面应整齐、光滑,管道后面的抹灰表面应平整					
	抹灰层总厚度符合设计要求,水泥砂浆不得抹在石灰砂浆层上,罩面石膏灰不得抹在水泥砂浆层上					
	抹灰分格缝的设置符合设计要求,宽度和深度应均匀,表面光滑,棱角整齐					
	有排水要求的部位应做滴水线(槽)。滴水线(槽)整齐顺直,滴水线内高外低,滴水槽宽度、深度大于等于 10 mm					
	抹灰表面	□普通	□高级			
		光滑、洁净,接槎平整,分格缝清晰	光滑、洁净、颜色均匀,无抹纹,分格缝和灰线清晰美观			
	立面垂直度	4	3			
	表面平整度	4	3			
	阴阳角方正	4	3			
	分格条(缝)直线度	4	3			
	墙裙、勒脚上口直线度	4	3			
共实测　　点,其中合格　　点,不合格　　点,合格点率　　%						
施工单位检查评定结果	项目专业质量检查员:			项目专业质量(技术)负责人:		年　月　日
监理(建设)单位验收结论	监理工程师(建设单位项目技术负责人):					年　月　日

注:主控项目应符合设计及技术变更要求。

10)涂料涂饰工程检验批

(1)填表说明

①本表适用于乳胶型涂料、无机涂料、水溶性涂料等水性涂料涂饰工程施工质量验收。

②检验批划分。

a.室外涂饰工程,每一栋楼的同类涂料涂饰的墙面每 500~1000 m² 应划分为一个检验批,不足 500 m² 也应划分为一个检验批。

b.室内涂饰工程,同类涂料涂饰的墙面每 50 间(大面积房间和走廊按施工面积 30 m² 为 1 间)应划分为一个检验批,不足 50 间也应划分为一个检验批。

③检查数量。

室内每个检验批应至少抽查 10%,并不得少于 3 间,不足 3 间时应全数检查。室外每个检验批每 100 m² 应至少抽查 1 处,每处不得小于 10 m²。

(2)表格练习

①请根据图纸填写本工程的涂料涂饰工程检验批质量验收记录(见表 7-10)一张。

②假设本工程的涂料涂饰工程检验批验收均合格。

③数据项检查结果自己假定。

④验收部位为室内一层。

表7-10 涂料(水性、美术)涂饰工程检验批质量验收记录

工程名称				分项工程名称		验收部位	
施工单位				项目负责人		专业工长	
分包单位				项目负责人(分包单位)		施工班组长	
施工执行标准及编号			《建筑装饰装修工程质量验收规范》(GB 50210—2001)			材料名称	
质量验收规范的情况				施工单位检查评定记录		监理(建设)单位验收记录	
主控项目	品种、型号、性能符合设计要求						
	颜色、图案符合设计要求						
	涂饰均匀、黏结牢固,不得漏涂、透底、起皮和掉粉						
	基层处理符合10.1.5条						
	美术涂饰套色、花纹、图案符合设计要求						
一般项目		普通	高级				
	颜色	均匀一致	均匀一致				
	泛碱、咬色	允许少量轻微	不允许				
	流坠、疙瘩	允许少量轻微	不允许				
	砂眼、刷纹	允许少量轻微砂眼、刷纹通顺	无砂眼、刷纹				
	点状分布	—	疏密均匀				
	喷点疏密程序均匀,不允许连片						
	(美术涂料)套色不位移,纹理、轮廓清晰						
	(美术涂料)仿花纹涂饰有被模仿材料的纹理						
	(美术涂料)表面洁净,不流坠						
	涂层与其他装饰材料、设备衔接处应吻合,界面应清晰						
	直线度(薄涂料)	普通	2 mm				
		高级	1 mm				
共实测　　点,其中合格　　点,不合格　　点,合格点率　　%							
施工单位检查评定结果	项目专业质量检查员:			项目专业质量(技术)负责人:			年 月 日
监理(建设)单位验收结论	监理工程师(建设单位项目技术负责人):						年 月 日

注:本表主控项目中,前面2条还应满足设计变更或技术核定要求。

子单元二　分项工程质量验收记录

1)填表要求

①本表的检验批部位、区段应是相应的检查批质量验收记录的汇总,分项工程的检验批应符合规范要求。分项工程应按《建筑工程施工质量验收统一标准》(GB 50300-2013)中表B.0.1 划分填写,如无分包单位则不填写。

②施工单位检查评定结果应填写质量验收记录是否完整,是否符合设计和规范要求,该分项工程质量是否合格;监理(建设)单位验收结论应写明是否同意后续工程施工。

③表头中的工程名称、结构类型、施工单位、分包单位、检验批数均应填写清楚,评定和验收人员签字应齐全。

④分项工程质量验收记录一式四份,由施工单位统一归档整理,单位工程竣工后分别交建设单位、监理单位、城建档案馆各一份,施工单位自存一份。

⑤表中的"检验批部位、区段"应填写对应的检验批质量验收记录表中的"验收部位"。

⑥如果汇总的检验批均验收合格,那么表中的"施工单位检查评定记录"和"监理(建设)单位验收记录"都应填写"完整"。

⑦在分项工程质量验收记录中汇总检验批时,位于不同分部工程的同一类检验批应分开汇总。

2)表格练习

①请分别统计科研楼主体结构的"填充墙分项"和"模板工程分项",填写分项工程质量验收记录两张(见表7-11、表7-12)。

②假设两个分项工程的质量验收均合格。

表 7-11 _____ 分项工程质量验收记录

工程名称		结构类型		检验批数	
施工单位		项目负责人		质量部门负责人	
分包单位		分包单位负责人		分包技术负责人	
序号	检验批部位、区段		施工单位检查评定记录	监理(建设)单位验收记录	
1					
2					
3					
4					
5					
6					
7					
8					
9					
10					
11					
12					
13					
14					
15					
16					
17					
18					
19					
20					
施工单位检查评定结果	项目专业质量检查员: 注册建造师(质量技术负责人): 年 月 日				
监理(建设)单位验收结论	监理工程师(建设单位项目技术负责人): 年 月 日				

表 7-12 _____分项工程质量验收记录

工程名称		结构类型		检验批数	
施工单位		项目负责人		质量部门负责人	
分包单位		分包单位负责人		分包技术负责人	

序号	检验批部位、区段	施工单位检查评定记录	监理(建设)单位验收记录
1			
2			
3			
4			
5			
6			
7			
8			
9			
10			
11			
12			
13			
14			
15			
16			
17			
18			
19			
20			

施工单位检查评定结果	项目专业质量检查员： 注册建造师(质量技术负责人)： 年 月 日
监理(建设)单位验收结论	监理工程师(建设单位项目技术负责人)： 年 月 日

子单元三　分部工程质量验收记录

1) 分部工程质量验收记录

(1) 填表说明

①表头部分的工程名称、施工单位应填写全称,与检验批、分项工程、单位工程等验收表相一致。

②"结构类型"指的是单位工程的结构类型。

③表格中的"层数"应分别注明地下或地上的层数。"技术部门负责人"和"质量部门负责人"除地基与基础、主体结构填写施工单位技术部门负责人和质量部门负责人外,一般应填写项目的技术及质量负责人。

④"分包单位"的填写:有分包单位时才填写,没有就不填。主体结构不得进行分包。"分包单位负责人"及"分包单位技术负责人"应填写本项目的分包单位项目负责人和分包单位项目技术负责人。

⑤"分项工程名称"应汇总、列出该分部所含的所有分项工程。

⑥"检验批数"只统计属于该分部工程的检验批。

⑦"施工单位检查评定记录"应由项目专业质量(技术)负责人根据各分项工程的检验批检查评定结果填写是否"合格"。

⑧"验收意见"应由总监理工程师根据各分项工程的验收情况和验收组意见填写是否"合格"。

⑨"质量控制资料"以及"安全和功能检验(检测)报告"应填写是否"完整"。

⑩"观感质量验收情况"应填写"好""一般"或"差"。

⑪对有些分部工程(如主体结构),在混凝土或砂浆试件 28 d 强度未出来时,如果其他记录和工程实体均符合设计和规范要求,验收组应予以签字验收,同意后续工程施工,同时注明待试件 28 d 强度出来后再补签。

⑫本表一式四份,建设单位、施工单位、监理单位、城建档案馆各一份。

(2) 表格练习

①请分别统计科研楼工程的地基与基础、主体结构和装饰装修三个分部工程,填写分部工程质量验收记录三张(见表 7-13～表 7-15)。

②假设三个分部工程的质量验收均合格。

表 7-13 _____分部工程质量验收记录

工程名称		结构类型		层 数	
施工单位		技术部门负责人		质量部门负责人	
分包单位		分包单位负责人		分包技术负责人	

序号	分项工程名称	检验批数	施工单位检查评定记录	验 收 意 见
1				
2				
3				
4				
5				
6				
7				
8				
质量控制资料				
安全和功能检验(检测)报告				
观感质量验收情况				

验收单位	分包单位	注册建造师(项目经理):　　　　年　月　日
	施工单位	注册建造师(项目经理):　　　　年　月　日
	勘察单位	项目负责人:　　　　年　月　日
	设计单位	项目负责人:　　　　年　月　日
	监理(建设)单位	总监理工程师(建设单位项目专业负责人):　　　　年　月　日

表 7-14 _____分部工程质量验收记录

工程名称			结构类型		层 数	
施工单位			技术部门负责人		质量部门负责人	
分包单位			分包单位负责人		分包技术负责人	
序号	分项工程名称	检验批数	施工单位检查评定记录	验 收 意 见		
1						
2						
3						
4						
5						
6						
7						
8						
	质量控制资料					
	安全和功能检验(检测)报告					
	观感质量验收情况					
验收单位	分包单位		注册建造师(项目经理): 年 月 日			
	施工单位		注册建造师(项目经理): 年 月 日			
	勘察单位		项目负责人: 年 月 日			
	设计单位		项目负责人: 年 月 日			
	监理(建设)单位		总监理工程师(建设单位项目专业负责人): 年 月 日			

表 7-15 　　　　　分部工程质量验收记录

工程名称			结 构 类 型		层　数	
施工单位			技术部门负责人		质量部门负责人	
分包单位			分包单位负责人		分包技术负责人	
序号	分项工程名称	检验批数	施工单位检查评定记录	验　收　意　见		
1						
2						
3						
4						
5						
6						
7						
8						
质量控制资料						
安全和功能检验(检测)报告						
观感质量验收情况						
验收单位	分包单位		注册建造师(项目经理)：　　　　年　月　日			
	施工单位		注册建造师(项目经理)：　　　　年　月　日			
	勘察单位		项目负责人：　　　　年　月　日			
	设计单位		项目负责人：　　　　年　月　日			
	监理(建设)单位		总监理工程师(建设单位项目专业负责人)：　　　　年　月　日			

2)地基与基础分部工程质量验收报告

(1)填表说明

①表头部分由施工单位填写。

②"基础类型"根据实际的基础类型填写。常见的基础类型包括刚性条基、柔性条基、柱下条基、独立柱基、杯形基础、筏板基础、桩基础、箱形基础等基础形式。

③如果没有地下室,则"地下室层数"可填 0 层。

④"施工周期"为地基与基础分部工程的施工起止日期。

⑤"验收日期"为各责任主体单位对地基与基础分部工程进行检查验收日期,若分几次分段验收,可将验收日期同时填于表内。

⑥"实体质量检查情况",总监理工程师组织相关责任主体单位对地基与基础分部工程所涉及的分项工程实体质量和工程质量文件检查验收,形成统一意见后由总监理工程师填写。包括该分部所涉及的相关分项的观感质量、检验批的主控项目和一般项目的检查情况。若有分项工程存在安全隐患或缺陷已处理,也应写明。

⑦"质量文件核查情况",相关责任主体单位对地基与基础工程质量文件汇总表所涉及的、应该有的内容逐一检查核对,项数为相关序号项数的累计,由总监理工程师填写。

⑧各相关责任主体单位的验收意见除施工单位评定意见由项目负责人填写外,其余均由相关签字人填写。填写的内容应根据各自单位职责,填明是否参与检查验收程序和验收的结论性意见,如是否符合经审查批准的设计图纸和施工规范,质量合格与否,能否进入下步工序施工,并且签字、盖各单位章。

(2)表格练习

①完成科研楼的地基与基础分部工程质量验收报告(见表 7-16)。

②假设科研楼地基与基础分部工程的质量文件共审查了 32 项,而且全部符合要求。

③假设科研楼的地基与基础分部工程的质量经验收合格。

④各相关单位的验收意见,除施工单位以外均不填。

⑤科研楼工程的地基与基础工程的施工周期为 2013 年 11 月 1 日到 2014 年 1 月 30 日,验收日期为 2014 年 2 月 1 日。

表 7-16　地基与基础分部工程质量验收报告

建设单位		工程名称	
施工单位		项目负责人	
设计单位		基础类型	
建筑面积		地下室层数	
施工周期		验收日期	
实体质量检查情况			
质量文件检查情况			

检测单位检测情况： （公章） 项目负责人：　　　　年　月　日	监理单位验收意见： （公章） 总监理工程师：　　　　年　月　日
施工单位评定意见： 注册建造师（项目经理）：　（公章） 企业技术负责人：　　　　年　月　日	
设计单位验收意见： （公章） 设计项目负责人：　　　　年　月　日	勘察单位验收意见： （公章） 勘察项目负责人：　　　　年　月　日
建设单位验收结论： （公章） 项目负责人：　　　　　　　　　　　　　　年　月　日	

注：①地基与基础分部工程完成后，监理单位（建设单位）应组织有关单位进行质量验收，并按规定的内容填写和签署意见，工程建设参与各方按规定承担相应质量责任。

②地基与基础分部工程质量文件按要求填写汇总表并整理成册以后备查。

3) 主体结构分部工程质量验收报告

(1) 填表说明

①表头部分由施工单位填写。

②"结构类型"根据房屋的实际主体结构形式填写,如砖混、底框砖混、多排柱内框架、框架、框架-剪力墙、抗震墙、部分框支抗震墙、框架核心筒、板柱-抗震墙、轻框等,可以是其中的任一种或几种。

③"验收层段",工程较大或分段施工时,可按楼层段或轴线段将单位工程分为两次或多次对主体结构分部工程进行验收,填写某次验收的层段范围。一般来说,为了便于签字盖章和管理,可将单位工程主体结构分部质量验收的情况综合后,填写单位工程楼层数。

④"施工周期"为主体结构分部工程的施工起止日期。

⑤"验收日期"为各责任主体单位对主体结构分部工程进行检查验收日期,若分几次分段验收,可将验收日期同时填于表内。

⑥"实体质量检查情况",总监理工程师组织相关责任主体单位对主体结构分部工程所涉及的分项工程实体质量和工程质量文件检查验收,形成统一意见后由总监理工程师填写。包括该分部所涉及的相关分项工程的观感质量、检验批的主控项目和一般项目的检查情况。若有分项工程存在的安全隐患或缺陷已处理,也应写明,如现浇板负筋保护层偏大,已由法定检测单位鉴定检测,设计单位复核认可等。

⑦"质量文件核查情况",相关责任主体单位对主体结构工程质量文件汇总表所涉及的、应该有的内容逐一检查核对,项数为相关序号项数的累计,由总监理工程师填写。

⑧各相关责任主体单位的验收意见,除施工单位评定意见由项目负责人填写外,其余均由相关签字人填写。填写的内容应根据各自单位职责,填明是否参与检查验收程序和验收的结论性意见,如是否符合经审查批准的设计图纸和施工规范,质量合格与否,能否进入下一步工序施工,并且签字、盖各单位章。

(2) 表格练习

①完成科研楼的主体结构分部工程质量验收报告(见表7-17)。

②假设科研楼主体结构分部工程的质量文件共审查了57项,而且全部符合要求。

③假设科研楼的主体结构分部工程的质量经验收合格。

④各相关单位的验收意见,除施工单位以外均不填。

⑤科研楼工程的地基与基础工程的施工周期为2014年2月2日到2014年5月14日,验收日期为2014年5月15日。

表 7-17 主体结构分部工程质量验收报告

建设单位		工程名称	
施工单位		项目负责人	
建筑面积		结构类型	
层数		验收层段	
施工周期		验收日期	
实体质量 检查情况			
质量文件 检查情况			
施工单位评定意见： 注册建造师(项目经理)：　　　　　　（公章） 企业技术负责人：　　　　　年　月　日		监理单位验收意见： 　　　　　　　　　　　　　　（公章） 总监理工程师：　　　　　　年　月　日	
设计单位验收意见： 　　　　　　　　　　　　　（公章） 设计项目负责人：　　　　　年　月　日		建设单位验收结论： 　　　　　　　　　　　　　（公章） 项目负责人：　　　　　　　年　月　日	

注：①主体结构分部工程完成后，监理单位(建设单位)应组织有关单位进行质量验收，并按规定的内容填写和签署意见，工程建设参与各方按规定承担相应质量责任。

②主体结构分部工程质量文件按要求填写汇总表并整理成册以后备查。

实训环节三　施工阶段安装工程资料的编制

单元八　安装工程的物资资料

一、实训条件

《实训练习册》、普通教室。

二、本单元实训任务

1) 电气工程材料检测报告的汇总

请根据给出的科研楼工程中电气工程不同材料的见证取样检测报告(见表 8-1～表 8-4),将其主要信息汇总到主要原材料及构配件出厂证明及试验单目录中。

(1) 填表注意事项

①"单位工程名称"填写本项目工程名称。

②材料(设备)名称、品种、型号(规格)须与性能检验报告中的一致。

③"试验单编号"填检测报告中的报告编号(或编号)。值得注意的是,不同的检测单位有不同的编号方式,而且检测报告的格式也不相同。

④汇总完毕后,表格底端的签字手续应履行完成才有效。

(2) 表格练习

科研楼工程中电气工程材料性能检测报告如下,请据此填写汇总表(见表 8-5)。

表 8-1 建筑用绝缘电工套管及配件检测报告

工程概况			
委托单位	四川华隆建筑有限公司	委托日期	2014.3.10
工程名称	××公司科研楼工程	检测日期	2014.3.21
建设单位	四川××制造有限公司	报告日期	2014.3.21
施工单位	四川华隆建筑有限公司	检测性质	委托
监理单位	四川××工程咨询设计有限责任公司	送样人	—
监督单位	—	见证人	×××
产品信息			
代表部位	整个工程	试验环境	符合标准要求
产品名称	建筑用绝缘电工导管	样品状态	无异常
规格型号	GY 405—16	颜色	白色
生产厂家	崇州市天胜达塑胶有限公司	生产批次	—
试验条件及结论			
依据标准	《建筑用绝缘电工套管及配件》(JG 3050—1998)		
主要设备	压力试验装置、冲击试验仪、氧指数测定仪、弯曲试验仪、冷冻箱、烘箱、量规、游标卡尺、交流耐电压测试仪		
结论	该样品委托检验项目符合标准要求		
备注	—		

检测参数及数据汇总表				
检测项目		标准要求	实测结果	单项结论
外观		满足标准 6.2.1 要求	符合	合格
尺寸				
外形尺寸	最大外径	量规自重通过	符合	合格
	最小外径	量规不能通过	符合	合格
	最小内径	量规自重通过	符合	合格
	最小壁厚	壁厚最小值不小于 1.22 mm	1.59	合格
机械性能				
抗压性能		载荷 1 min 时 $D \leqslant 25\%$，卸荷 1 min 时，$D \leqslant 10\%$	0.23,0.08	合格
冲击性能		12 个试件中至少 10 个不坏、不裂	11/12 未破坏	合格
弯曲性能		无可见裂纹	符合	合格
弯扁性能		量规自重通过	符合	合格
跌落性能		耐震裂、破碎	符合	合格
耐热性能		$D_i \leqslant 2$ mm	0.8	合格
阻燃性能	自熄时间	$t_e \leqslant 30$ s	6	合格
	氧指数	$OI \geqslant 32$	>32	合格
电气连续性能	电气强度	15 min 内不击穿	—	—
	绝缘电阻	$R \geqslant 100$ MΩ	—	—

签发：×××　　　审核：×××　　　试验：×××　　　试验单位(章)：

表 8-2　绝缘电线检测报告

委托编号:201405265
检验编号:T4-140300144
报告编号:禾(T4)1400137

委托单位	四川华隆建筑有限公司			委托人	×××
工程名称	××公司科研楼工程			接收日期	2014.3.10
建设单位	—			检验日期	2014.3.11
施工单位	四川华隆建筑有限公司			报告日期	2014.3.12
监理单位	四川××工程咨询设计有限责任公司			见证人/号	×××
监督单位	—			检验类别	委托
使用部位	—			代表批量	—
样品名称	铜芯聚氯乙烯绝缘电线			样品数量	1根3米
规格型号	60227IECO1(BV)　450/750V　1×2.5 mm²			样品描述	样品完好
生产厂家	德阳市旌东电缆厂			样品状态	无异常
检测项目			单位	技术要求	检测结果	单项结论
电气性能试验	导体电阻		Ω/km	要求:20 ℃时导体直流电阻≤7.41	6.99	合格
结构尺寸检查	结构检查	单线直径	mm	要求值:≤1.9	合格	合格
		单线根数	根	要求值:≥1	1	合格
	绝缘层厚度	平均厚度	mm	要求值:≥0.8	0.8	合格
		最小厚度	mm	要求值:≥0.62	0.73	合格
	外径测量		mm	要求值:3.2~3.9	3.3	合格
检验依据	《额定电压450/750V及以下聚氯乙烯绝缘电缆 第3部分:固定布线用无护套电缆》(GB/T 5023.3—2008)					
检验概况	该样品共委托检验6项,合格6项					
检验结论	该样品委托检验项目符合标准要求(见报告附页)					
说明	①报告无本公司"检验报告专用章"和骑缝章无效; ②复制报告未重新加盖本公司"检验报告专用章"和骑缝章无效; ③报告涂改无效; ④报告无试验、审核和批准签名无效; ⑤若对报告有异议,应于收到报告之日起15 d内向本公司提出有效; ⑥对客户送样的委托检验仅对来样负责; ⑦未经本公司同意,委托方不得擅自使用检验数据结果进行不当宣传					

批准:×××　　　　　　　　　审核:×××　　　　　　　　　试验:×××

表 8-3 绝缘电阻检测报告

检验编号：T4-140300144

工程名称	××公司科研楼工程	检测日期	2014.10.13
施工单位	四川华隆建筑有限公司	建设单位	四川××制造有限公司
监理单位	四川××工程咨询设计有限责任公司	见证人	×××
测试仪表型号	ZC-7		
检测依据	《建筑电气工程施工质量验收规范》(GB 50303)		

序号	检测项目	检测要求	检测结果
1	接线图与资料	相关电路接线图及资料是否与设备相符合	符合要求
2	设备外观	设备外部是否有影响运行及安全的破损	符合要求
3	导线与导线配线	导线规格与颜色是否符合技术图纸要求	符合要求
		连接器件间的电线是否存在不应有的中间接头或焊接点	符合要求
		是否存在绝缘导线支撑在不同带电部件和带有尖角的边缘上（应有防护措施固定绝缘导线）	符合要求
		是否存在可移动的移动部件对导线产生机械损伤	符合要求
		计量回路的二次配线是否符合规范或审图意见书的要求（电流回路不小于 4 mm²、电压回路不大于 2.5 mm²）	符合要求
4	主母排	主母排规格是否符合设计文件的要求	符合要求
5	母线	母线接触面是否光滑平整，折弯处是否存在不应有的裂纹或裂口	符合要求
		各搭接处螺钉紧固是否能保证足够持久的接触压力	
		母线规格是否符合技术要求	
		母线相序排列是否符合规定	
6	电气间距	所有母线间及母线与裸露导电部件间距是否不小于 20 mm（实测：　　mm）	
7	绝缘电阻	线间和线对地间的绝缘电阻值必须大于 0.5 MΩ，共测试 3 组，实测值不小于 200 MΩ	符合要求

结论	所检项目均符合设计要求

备注：
①本报告为即时检测报告，仅对检测时的环境条件下的检测结果有效，本报告无签发人签字无效，无资质专用章、无"CMA"章无效，涂改无效；
②若对本报告有异议，应于收到报告之日起 15 d 内查询有效；
③本报告盖章生效

表8-4 漏电保护器检测报告

检验编号:T4-140300144

工程名称	××公司科研楼工程		检测日期	2014.10.13
施工单位	四川华隆建筑有限公司		建设单位	四川××制造有限公司
监理单位	四川××工程咨询设计有限责任公司		见证人	×××
测试仪表型号	5406A	漏电开关生产厂家	CHNT	漏电开关型号	DZ47LE-32
检测依据	《建筑电气工程施工质量验收规范》(GB 50303)			

序号	检测项目	检测要求	检测结果
1	漏电保护器接线	漏电保护器的接线与低压配电设备的接线相对应	符合要求
2	漏电保护器接线	漏电保护器负载侧的中性线不得与其他回路公用	符合要求
3	漏电保护器接线	漏电保护器负载和电源侧的接线端子,应按规定接线,不应接反	符合要求
4	漏电保护器接线	严禁PEN线穿过漏电保护器的零序电流互感器。漏电保护器及与之配套使用的短路保护电器,在任何情况下,不应单独切断N线	符合要求
5	漏电保护器接线	漏电保护器所保护的线路及设备外露导电部分应接地	符合要求
6	触发测试	箱(盘)内开关动作灵活可靠,漏电装置动作电流不大于30 mA,动作时间不大于0.1 s,共测试漏电开关10个	符合要求

备注:
①本报告为即时检测报告,仅对检测时的环境条件下的检测结果有效,本报告无签发人签字无效,无资质专用章、无"CMA"章无效,涂改无效;
②若对本报告有异议,应于收到报告之日起15 d内查询有效;
③本报告盖章生效

表 8-5　主要原材料及构配件
出厂证明及试验单目录

单位工程名称：　　　　　　　　　施工单位：　　　　　　　　　　　共　页第　页

序号	材料(设备)名称	品种	型号(规格)	单位	代表数量	使用部位	出厂证明	试验单编号	备注

注册建造师(技术负责人):(签字)　　　　审核:(签字)　　　　填表:(签字)

注:本表一式四份,建设单位、施工单位、监理单位、城建档案馆各一份。

单元九　安装工程的施工记录

一、实训条件

《实训练习册》、普通教室。

二、本子单元实训任务

1)管道工程隐蔽验收记录

(1)填表说明

①分项工程名称:填进行隐蔽验收的管道的类型,如给水管道、排水管道、保温管道、消防管道等。

②隐蔽验收部位:据实填写。

③材质、规格:填隐蔽验收管道的材质和规格。

④位置标记:一般用轴线将隐蔽验收管道所在的区域标记出来,如2~8轴交D~H轴。

⑤标高、坡度、坡向:结合设计文件和实际验收情况填写。

⑥接口、接头材质:结合设计文件和实际验收情况填写。

⑦基座、支架:指支撑(支承)、固定管道的管道附件,据实填写。

⑧附图及说明:附隐蔽部位对应的管道施工图。

(2)表格练习

①请根据施工图,针对科研楼工程一层卫生间和浴室厨房的排水管道,填写管道工程隐蔽验收记录(见表9-1)一张。

②排水管道置于管沟夯实的原土上,管道灌水试验的结果不渗不漏。

③假设隐蔽验收合格。

④不足的数据自己假设。

表 9-1 管道工程隐蔽验收记录

工程名称				分项工程名称		
隐蔽验收部位				施工单位		
项目负责人		专业工长			施工班组长	
设计图号		材　质			规　格	
单　位		数　量			隐蔽日期	
检查验收情况				附图及说明		
位置标记						
标高、坡度、坡向						
接口、接头材质						
基座、支架						
防腐措施						
保温方式						
灌水、试压结果						
预留孔洞处理						
渗水量试验结果						
保护层厚度						
施工单位检查评定结果			项目专业质量检查员：　　　　　　项目专业质量（技术）负责人：　　　年　月　日			
监理（建设）单位验收结论			监理工程师（建设单位项目技术负责人）：　　　　　　　　　　　　　　　年　月　日			

2)电气工程隐蔽验收记录

(1)填表说明

①分项工程名称:填隐蔽的电气管线及附件(电气配管除外)的名称,如防雷接地安装工程。

②隐蔽验收部位:据实填写。

③检查验收情况:填隐蔽对象的品种、规格、位置、标高、弯度、连接、焊接、跨接地线、防腐、焊接部位的焊接质量和搭接长度、管盒固定、管口处理、敷设情况、保护层厚度以及与其他管线的相对位置和距离等。

④附图及说明:填隐蔽对象被覆盖部位的施工示意图。

(2)表格练习

①请根据施工图,针对科研楼工程的防雷接地安装工程,填写电气工程隐蔽验收记录(见表9-2)一张。

②假设验收结果合格。

③不足的数据自己假设。

表 9-2 电气工程隐蔽验收记录

工程名称			分项工程名称	
隐蔽验收部位			施工单位	
项目负责人		专业工长		施工班组长	
设计图号		单　位		数　量	
检查验收情况			附图及说明	
施工单位检查评定结果	项目专业质量检查员：　　　项目专业质量(技术)负责人：　　　年　月　日			
监理(建设)单位验收结论	监理工程师(建设单位项目技术负责人)：　　　年　月　日			

注：本表一式四份，建设单位、施工单位、监理单位、城建档案各留一份。

3)电气配管安装工程隐蔽验收记录

(1)填表说明

①分项工程名称:填写"电气线管安装工程"。

②隐蔽验收部位:据实填写。

③配管及规格:根据隐蔽部位所在的楼层,查阅施工图中对应楼层的配电箱,再根据配电箱找出对应的配电系统图,在配电系统图中可以找出配管及规格。

④回路层段编号:从施工图的配电系统图中查阅,但是应与后一列的"配管及规格"对应。

⑤弯曲半径:根据验收结果填写,电缆管的弯曲半径不应小于电缆的最小允许弯曲半径。

⑥附图及说明:左边框附上配管接头示意图,右边框填写电气配管的敷设及检查验收情况。

(2)表格练习

①请根据施工图,针对科研楼工程二层楼板中的电气配管,填写电气配管安装工程隐蔽验收记录(见表9-3)一张。

②假设隐蔽验收结果合格。

③本工程中 PC 管的接头处理采用粘接,SC 管的接头处理采用丝接,不足的数据自己假设。

表 9-3　电气配管安装工程隐蔽验收记录

工程名称			分项工程名称			
隐蔽验收部位			施工单位			
项目负责人		专业工长		施工班组长		
设计图号		单位		数量		
回路层段编号	配管及规格	配管敷设情况				
		弯曲半径	接头处理	跨箱盘处理	防腐	

附图及说明

施工单位检查评定结果	
	项目专业质量检查员：　　　　项目专业质量(技术)负责人：　　　　年　月　日
监理(建设)单位验收结论	
	监理工程师(建设单位项目技术负责人)：　　　　　　　　　　　　年　月　日

单元十　安装工程的施工质量验收文件

安装工程的检验批质量验收记录、分项工程质量验收记录及分部工程质量验收记录的填写方法和要求与土建部分相同,故在以下表格中有些内容不再重复。

1)给水管道及配件安装工程检验批质量验收记录

(1)填表说明

①本表适用于工作压力不大于1.0 MPa的厂区,以及民用建筑群(住宅)小区的给水安装工程的质量检验与验收。

②检验批的划分:以楼层(区段)及给水管道系统来划分。

(2)表格练习

①请根据施工图,针对科研楼工程的一层厨房、浴室、卫生间,填写给水管道及配件安装工程检验批质量验收记录(见表10-1)一张。

②质量验收数据自己假设,假设验收结果合格。

表 10-1 给水管道及配件安装工程检验批质量验收记录

工程名称			分项工程名称	
验收部位			施工单位	
项目负责人		专业工长		施工班组长
施工执行标准及编号	《建筑给水排水及采暖工程施工质量验收规范》(GB 50242—2002)			
质量验收规范的规定			施工单位检查评定记录	监理(建设)单位验收记录
主控项目	室内给水管道水压试验必须符合设计要求,当设计未注明时,给水管道系统试验压力均为工作压力的 1.5 倍,但不得小于 0.6MPa			
	给水系统交付使用前必须进行通水试验,并做好记录			
	生活给水系统管道在交付使用前必须冲洗和消毒,并经有关部门取样检验,符合国家《生活饮用水标准》方可使用			
	室内直埋给水管道(塑料管道和复合管道除外)应做防腐处理,埋地管道防腐层材质和结构应符合设计及技术变更要求			
一般项目	管径不大于 100 mm 的镀锌钢管应采用螺纹连接,套丝扣被破坏的镀锌层表面及外露螺纹部分应防腐;管径大于 100 mm 的镀锌钢管应采用法兰或卡套式专用管件连接,镀锌钢管与法兰的焊接处应两次镀锌			
	管道及管件焊接的焊缝表面质量	4.2.6 条		
	管道的支吊架间距	4.2.9 条		
	给水引入管与排水排出管的水平净距	≥1 m		
	室内给水与排水管道平行铺设时,两管间的最小水平净距	≥0.5 m		
	室内给水与排水管交叉铺设时,其垂直净距	≥0.15 m		

续表

质量验收规范的规定			施工单位检查评定记录	监理(建设)单位验收记录
一般项目	给水水平管道的坡度		2‰~5‰		
	水平管道纵横方向弯曲	钢管	每米	允许偏差 1 mm		
			全长 25 m 以上	允许偏差 ≤25 mm		
		塑料管复合管	每米	允许偏差 1.5 mm		
			全长 25 m 以上	允许偏差 ≤25 mm		
		铸铁管	每米	允许偏差 2 mm		
			全长 25 m 以上	允许偏差 ≤25 mm		
	立管垂直度	钢管	每米	允许偏差 3 mm		
			5 m 以上	允许偏差 ≤8 mm		
		塑料管复合管	每米	允许偏差 2 mm		
			5 m 以上	允许偏差 ≤8 mm		
		铸铁管	每米	允许偏差 3 mm		
			5 m 以上	允许偏差 ≤10 mm		
	成排管段和成排阀门		在同一平面上间距	允许偏差 3 mm		
	水表外壳距墙表面净距			10~30 mm		
	水表进水口中心标高按设计要求,允许偏差		设计给定值	允许偏差 ±10 mm		

共实测　　点,其中合格　　点,不合格　　点,合格点率　　%

施工单位检查评定结果	项目专业质量检查员：　　　　项目专业质量(技术)负责人：　　年 月 日
监理(建设)单位验收结论	监理工程师(建设单位项目技术负责人)：　　　　　　　　　　　年 月 日

2)室内排水管道及配件安装工程检验批质量验收记录

(1)填表说明

①本表适用于室内排水所用的塑料管、铸铁管或混凝土管、镀锌管和非镀锌管的安装工程的质量检验与验收。

②检验批的划分:以楼层(区段)及管道系统或管道井来划分。

(2)表格练习

①请根据施工图,针对科研楼工程的一层厨房、浴室、卫生间,填写室内排水管道及配件安装工程检验批质量验收记录(见表10-2)一张。

②质量验收数据自己假设,假设验收结果合格。

表 10-2 室内排水管道及配件安装工程检验批质量验收记录

工程名称				分项工程名称		
验收部位				施工单位		
项目负责人				专业工长		施工班组长
施工执行标准及编号			《建筑给水排水及采暖工程施工质量验收规范》(GB 50242—2002)			
质量验收规范的规定				施工单位检查评定记录		监理(建设)单位验收记录
主控项目	隐蔽或埋地的排水管道在隐蔽前必须做灌水试验		5.2.1 条			
	生活污水铸铁管道的坡度必须符合设计要求和规范的规定	标准坡度	5.2.2 条 表5.2.2			
		0.008~0.035				
	生活污水塑料管道的坡度必须符合设计及设计变更或技术核定要求和规范的规定	标准坡度	5.2.2 条 表5.2.3			
		0.007~0.025				
	排水塑料管必须按设计要求装设伸缩节,若设计无要求时,伸缩节间距不大于4 m。高层建筑明设排水塑料管应按设计要求设置阻火圈或防火套管					
	排水主立管及水平干管管道均应做通球试验		5.2.5 条			
一般项目	在生活污水管道设置的检查口或清扫口,当设计无要求时,应按规范的规定进行处理		5.2.6 条			
	埋在地下或地板下的排水管道的检查口应设在检查井内		5.2.7 条			
	排水塑料管道支、吊架间距的规定		5.2.9 条 表5.2.9			
	排水通气管不得与风道或烟道连接,且应符合规定		5.2.10 条			

续表

质量验收规范的规定					施工单位检查评定记录	监理(建设)单位验收记录
一般项目	室内排水管道和雨水管道安装的允许偏差					
^	项目			允许偏差/mm	实测值	
^	坐标			15		
^	标高			±15		
^	横管纵横方向弯曲	铸铁管	每1 m	≤1		
^	^	^	全长(25 m)以上	≤25		
^	^	钢管	每1 m 管径不大于100 mm	1		
^	^	^	每1 m 管径大于100 mm	1.5		
^	^	^	全长(25 m)以上 管径不大于100 mm	≤25		
^	^	^	全长(25 m)以上 管径大于100 mm	≤38		
^	^	塑料管	每米	1.5		
^	^	^	全长25 m以上	≤38		
^	^	钢筋混凝土管,混凝土管	每米	3		
^	^	^	全长25 m以上	≤75		
^	立管垂直度	铸铁管	每米	3		
^	^	^	全长25 m以上	≤15		
^	^	钢管	每米	3		
^	^	^	全长25 m以上	≤10		
^	^	塑料管	每米	3		
^	^	^	全长25 m以上	≤15		
^	生活污水立管上,检查口中心距操作地面为1 m,允许偏差				±20 mm		
^	金属排水管道的固定件间距			横管	≤2 m		
^	^		立管	≤3 m		
共实测　　点,其中合格　　点,不合格　　点,合格点率　　%						

施工单位检查评定结果	项目专业质量检查员：　　　　项目专业质量(技术)负责人：　　　　年　月　日
监理(建设)单位验收结论	监理工程师(建设单位项目技术负责人)：　　　　年　月　日

3)雨水管道及配件安装工程检验批质量验收记录

(1)填表说明

①本表适用于厂区及民用建筑群(住宅小区)室内雨水聚氯乙烯塑料管和碳素钢管、管道的安装工程质量检验与验收。

②检验批的划分:雨水管道及配件安装的检查应以区段或雨水管道系统来划分。

③安装在室内的雨水管道安装后应做灌水试验,灌水高度必须到每根立管上部的雨水斗。检查方法:灌水试验持续 1 h,不渗不漏。

④雨水斗管的连接应固定在屋面承重结构上,雨水斗边缘与屋面相连处应严密不漏。连接管管径当设计无要求时,不得小于 100 mm。检查方法:观察和尺量检查。

(2)表格练习

①请根据施工图,针对科研楼工程的雨水管道系统,填写雨水管道及配件安装工程检验批质量验收记录(见表10-3)一张。

②质量验收数据自己假设,假设验收结果合格。

表10-3 雨水管道及配件安装工程检验批质量验收记录

工程名称			分项工程名称		
验收部位			施工单位		
项目负责人		专业工长		施工班组长	
施工执行标准及编号	《建筑给水排水及采暖工程施工质量验收规范》(GB 50242—2002)				

	质量验收规范的规定		施工单位检查评定记录	监理(建设)单位验收记录
主控项目	安装在室内的雨水管道安装后应做灌水试验	5.3.1条		
	雨水管道若采用塑料管,其伸缩节安装应符合设计要求	5.3.2条		
	悬吊式雨水管道的坡度不得小于5‰,埋地雨水管道的最小坡度应符合规范的规定	5.3.2条 表5.3.3		
一般项目	雨水管道不得与生活污水管道相连接	5.3.4条		
	雨水斗管的连接应固定在屋面承重结构上,雨水斗边缘与屋面相连接处应严密不漏	5.3.5条		
	悬吊式雨水管道的检查口或带法兰堵口的三通的间距应符合规范的规定	5.3.6条 表5.3.6		

雨水钢管管道焊接的焊口允许偏差

	项目		允许偏差	实测值						
	焊口平直度	管壁厚10 mm以内	管壁厚1/4=							
	焊缝加强面	高度	+1 mm							
		宽度								
	咬边	长度	连续长度	25 mm						
			总长度(两侧)	小于焊缝长度的10%						

共实测   点,其中合格   点,不合格   点,合格点率   %

施工单位检查评定结果	项目专业质量检查员: 项目专业质量(技术)负责人: 年 月 日
监理(建设)单位验收结论	监理工程师(建设单位项目技术负责人): 年 月 日

4)普通灯具安装工程检验批质量验收记录

(1)填表说明

①本表适用于普通灯具,如软线吊灯、链吊式灯、钢管吊灯、嵌入式日光灯、筒灯、吸顶灯、壁灯、投光灯等安装工程的施工质量验收。

②检验批的划分:可按每层楼、每个单元和区段来划分。

(2)表格练习

①请根据施工图,针对科研楼工程的一层照明灯具,填写普通灯具安装工程检验批质量验收记录(见表10-4)一张。

②质量验收数据自己假设,假设验收结果合格。

表 10-4 普通灯具安装工程检验批质量验收记录

工程名称				分项工程名称		
验收部位				施工单位		
项目负责人			专业工长		施工班组长	
施工执行标准及编号			《建筑电气工程施工质量验收规范》(GB 50303)			
	质量验收规范的规定			施工单位检查评定记录		监理(建设)单位验收记录
主控项目	灯具的固定:灯具质量大于3 kg时,固定在螺栓或预埋吊钩上,软线吊灯,灯具质量不大于0.5 kg时,采用软电线自身吊装,灯具质量大于0.5 kg的灯具采用吊链;灯具应定牢固,不使用木楔。每个灯具固定螺钉或螺栓不少于2个					
	花灯吊钩直径不应小于灯具挂销直径,且不应小于6 mm。大型花灯的固定及悬吊装置,应按灯具重量的2倍做过载试验					
	钢管做灯杆,钢管内径不应小于10 mm,厚度不应小于1.5 mm					
	敞开式灯具的安装高度(灯头对地面距离,采用安全电压时除外)	室外墙上安装	≥2.5 m			
		厂房	≥2.5 m			
		室内	≥2 m			
		软吊线带升降器的灯具在吊线展开后	≥0.8 m			
	灯具距地面高度小于2.4 m时,灯具的可接近裸露导体需接地或接零,安全可靠;应有专用接地螺栓,且有标识					
一般项目	引向每个灯具的导线线芯最小截面积	19.2.1条表19.2.1				
	灯头及其接线:软线吊灯的软线两端做保护扣,两端芯线搪锡;当装有升降器时,采用安全灯头。除敞开式灯具外的其他灯具,灯泡容量不小于100 W或采用瓷灯头。采用螺口灯头时,相线接于螺口灯头中间的端子上					

续表

质量验收规范的规定		施工单位检查评定记录	监理(建设)单位验收记录
一般项目	装有白炽灯泡的吸顶灯具,当灯泡与绝缘台间距小于 5 mm 时,灯泡与绝缘台间应有隔热措施		
	安装在重要场所的大型灯具应有防止玻璃罩碎裂后向下溅落的措施		
	装在室外的壁灯应有泄水孔,绝缘台与墙面之间应有防水措施		

施工单位检查评定结果	
	项目专业质量检查员: 项目专业质量(技术)负责人: 年 月 日
监理(建设)单位验收结论	
	监理工程师(建设单位项目技术负责人): 年 月 日

5)分项工程质量验收记录

(1)填表要求

与土建部分的分项工程质量验收记录相同,在此不再赘述。

(2)表格练习

①请分别统计科研楼主体结构的"给水管道及配件安装分项"和"普通灯具安装分项",填写分项工程质量验收记录两张(见表10-5、表10-6)。

②假设两个分项工程的质量验收均合格。

表 10-5 _____分项工程质量验收记录

工程名称		结构类型		检验批数	
施工单位		项目负责人		质量部门负责人	
分包单位		分包单位负责人		分包技术负责人	

序号	检验批部位、区段	施工单位检查评定记录	监理(建设)单位验收记录
1			
2			
3			
4			
5			
6			
7			
8			
9			
10			
11			
12			
13			
14			
15			
16			
17			
18			
19			
20			

施工单位检查 评定结果	项目专业质量检查员： 注册建造师(质量技术负责人)： 年 月 日
监理(建设) 单位验收结论	监理工程师(建设单位项目技术负责人)： 年 月 日

表 10-6 _____分项工程质量验收记录

工程名称		结构类型		检验批数	
施工单位		项目负责人		质量部门负责人	
分包单位		分包单位负责人		分包技术负责人	
序号	检验批部位、区段	施工单位检查评定记录		监理(建设)单位验收记录	
1					
2					
3					
4					
5					
6					
7					
8					
9					
10					
11					
12					
13					
14					
15					
16					
17					
18					
19					
20					
施工单位检查评定结果	项目专业质量检查员： 注册建造师(质量技术负责人)： 年 月 日				
监理(建设)单位验收结论	监理工程师(建设单位项目技术负责人)： 年 月 日				

6)分部工程质量验收记录

(1)填表说明

与土建部分的分项工程质量验收记录相同,在此不再赘述。

(2)表格练习

①请针对科研楼工程的"建筑给排水与采暖分部工程"和"建筑电气分部工程",填写分部工程质量验收记录两张(见表10-7、表10-8)。

②假设两个分部工程的质量验收均合格。

表 10-7 _____分部工程质量验收记录

工程名称		结 构 类 型		层 数	
施工单位		技术部门负责人		质量部门负责人	
分包单位		分包单位负责人		分包技术负责人	

序号	分项工程名称	检验批数	施工单位检查评定记录	验 收 意 见
1				
2				
3				
4				
5				
6				
7				
8				
质量控制资料				
安全和功能检验(检测)报告				
观感质量验收情况				

验收单位	分包单位	注册建造师(项目经理):　　　　年 月 日
	施工单位	注册建造师(项目经理):　　　　年 月 日
	勘察单位	项目负责人:　　　　年 月 日
	设计单位	项目负责人:　　　　年 月 日
	监理(建设)单位	总监理工程师(建设单位项目专业负责人):　　　　年 月 日

表 10-8 　　　　　　分部工程质量验收记录

工程名称			结构类型		层　数	
施工单位			技术部门负责人		质量部门负责人	
分包单位			分包单位负责人		分包技术负责人	
序号	分项工程名称	检验批数	施工单位检查评定记录	验收意见		
1						
2						
3						
4						
5						
6						
7						
8						
质量控制资料						
安全和功能检验(检测)报告						
观感质量验收情况						
验收单位	分包单位		注册建造师(项目经理)：　　　　年　月　日			
	施工单位		注册建造师(项目经理)：　　　　年　月　日			
	勘察单位		项目负责人：　　　　年　月　日			
	设计单位		项目负责人：　　　　年　月　日			
	监理(建设)单位		总监理工程师(建设单位项目专业负责人)：　　　　年　月　日			

单元十一　安装工程的功能性试验记录

1）通水试验记录

（1）填表说明

①分项工程名称：填写做通水试验的供水管的名称。

②验收部位：按实际试验过程填写供水系统的区域或楼层。

③试验管段：按试验过程和供水系统分层、分段填写。

④通水时间：据实填写。

⑤配水点开放数量：按规范要求开启，或全部开启。

⑥检查结果：如果试验结果合格，通常填写"接口无渗漏，水压正常"。

（2）表格练习

①请根据施工图，针对科研楼工程的一层卫生间、浴室的给水管道，填写通水试验记录一张（见表11-1）。

②假设验收结果合格。

表 11-1 通水试验记录

工程名称			分项工程名称		
验收部位			施工单位		
项目负责人		专业工长		施工班组长	
试验管、段	通水时间/h	配水点开放数量/(%)	检查结果		备 注
施工单位检查评定结果	项目专业质量检查员： 项目专业质量(技术)负责人：				年 月 日
监理(建设)单位验收结论	监理工程师(建设单位项目技术负责人)：				年 月 日

2)管道系统消毒清洗记录

(1)填表说明

①分项工程名称:填"给水系统"。

②验收部位:按给水系统,分楼层、分区域填写。

③管段:按施工图中的编号,结合试验的楼层、区域填写。

④消毒介质:通常用氯离子溶液作消毒介质,此处可以填"游离氯"。

⑤冲洗介质:一般用清水(自来水)冲洗。

(2)表格练习

①根据施工图,针对科研楼工程的一层厨房、浴室、卫生间的给水管道,填写管道系统消毒清洗记录(见表11-2)一张。

②假设验收结果合格。

表 11-2 管道系统消毒清洗记录

工程名称			分项工程名称		
验收部位			施工单位		
项目负责人		专业工长		施工班组长	

管 段	消 毒 情 况				化 验 结 果
	消毒介质	留置时间/h	冲洗介质	检查情况	

施工单位检查评定结果	
	项目专业质量检查员：　　　　项目专业质量(技术)负责人：　　　　年　月　日
监理(建设)单位验收结论	
	监理工程师(建设单位项目技术负责人)：　　　　　　　　　　年　月　日

3)排水管道灌水试验记录

(1)填表说明

①分项工程名称:填"排水管道"。

②验收部位:按排水系统,分楼层、分区域填写。

③试验管段:按施工图中的编号,结合试验的楼层、区域填写。

④灌水高度:按规范要求不低于底层卫生器具的上边缘或底层地面高度,填表时可填排水管高度。

⑤灌水持续时间:据实填写,一般情况为 20 min。

(2)表格练习

①根据施工图,针对科研楼工程的污水管道,填写排水管道灌水试验记录(见表 11-3)一张。

②假设验收结果合格。

表 11-3　排水管道灌水试验记录

工程名称			分项工程名称		
验收部位			施工单位		
项目负责人		专业工长		施工班组长	
试验管段	灌水高度 /m	灌水持续时间/min		检查情况	
		浸泡时间	观察时间		
施工单位检查评定结果	项目专业质量检查员：　　　　项目专业质量（技术）负责人：　　　　　年　月　日				
监理（建设）单位验收结论	监理工程师（建设单位项目技术负责人）：　　　　　　　　　　　　　　　年　月　日				

4)污水管道立管通球试验记录

(1)填表说明

①分项工程名称:填"排水管道"。

②验收部位:按污水系统,分楼层、分区域填写。

③通球日期:按实际通球试验的日期填写。

④管线号:为试验管段的编号。

⑤球外径、球材质:为通球试验用到的球体的外径和材质,球的材质为塑料球,通球球径不小于排水管道管径的2/3。

⑥附图及说明:附污水立管及水平干管图。

(2)表格练习

①根据施工图,针对科研楼工程的污水管道,填写污水管道立管通球试验记录(见表11-4)一张。

②假设验收结果合格。

表 11-4 污水管道立管通球试验记录

工程名称			分项工程名称				
验收部位			施工单位				
项目负责人		专业工长			施工班组长		
序号	通球日期	管线号	管内径/mm	管材质	球外径/mm	球材质	附图或说明
施工单位检查评定结果	项目专业质量检查员： 项目专业质量(技术)负责人： 年 月 日						
监理(建设)单位验收结论	监理工程师(建设单位项目技术负责人)： 年 月 日						

5)雨水管道灌水试验记录

(1)填表说明

①分项工程名称:填"雨水管道"。

②验收部位:按雨水系统,分区域填写。

③编段编号:按设计图纸上对雨水管的编号填写,如果设计图上没有编号,则数出雨水管的数量,分别按 YL-1、YL-2……依次编写。

④材料规格:为雨水管的材料和规格。

⑤检查情况:按实际检查结果填写,假如试验结果合格,则此处可填"灌水至雨水斗,1 h 后接口不漏"。

(2)表格练习

①根据施工图,针对科研楼工程的雨水管道,填写雨水管道灌水试验记录(见表 11-5)一张。

②假设验收结果合格。

表 11-5 雨水管道灌水试验记录

工程名称			分项工程名称		
验收部位			施工单位		
项目负责人		专业工长		施工班组长	
编段编号	材料规格	检 查 情 况			备 注
施工单位检查评定结果	项目专业质量检查员： 项目专业质量(技术)负责人： 年 月 日				
监理(建设)单位验收结论	监理工程师(建设单位项目技术负责人)： 年 月 日				

6)卫生器具蓄水试验记录

(1)填表说明

①分项工程名称:填"卫生器具及附件安装"。

②验收部位:分楼层、区域填写。

③名称:填写卫生器具的名称,如洗面盆、蹲便器、坐便器等。

④部位:为做试验的卫生器具所在的部位,如卫生间。

⑤盛水规定时间:按规范要求不得少于 24 h。

⑥盛水高度:按规范要求,至卫生器具上口边缘。

⑦检查数量:对应的卫生器具数量。

⑧试验结果及处理情况:按实际试验结果填写,假如试验结果不合格,应将处理情况记录清楚;假如试验结果合格,一般填写"在规定的蓄水时间内无渗漏"。

⑨适用范围:适用于室内污水盆(如拖把池)、洗涤盆、洗脸(手)盆、盥洗槽、浴盆、淋浴器、大便器、小便器、小便槽、排水栓、地漏、加热器、煮沸消毒器和饮水器等卫生器具。

(2)表格练习

①根据施工图,针对科研楼工程的一层的厨房、浴室、卫生间的卫生器具,填写卫生器具蓄水试验记录(见表 11-6)一张。

②假设验收结果合格。

表 11-6 卫生器具蓄水试验记录

工程名称						分项工程名称		
验收部位						施工单位		
项目负责人			专业工长			施工班组长		
序号	名称	部位	盛水规定时间/h	盛水高度	检查数量	试验结果和处理情况		班组自检签字
施工单位检查评定结果		项目专业质量检查员： 项目专业质量(技术)负责人： 年 月 日						
监理(建设)单位验收结论		监理工程师(建设单位项目技术负责人)： 年 月 日						

7）设备管道吹洗（扫）记录

（1）填表说明

①分项工程名称：填"给水管道"。

②验收部位：按给水系统，分楼层、区域填写。

③工作介质：为实际供水系统中供应的水，如自来水、中水。

④吹洗（扫）介质：民用建筑一般为清洁水，如自来水；工业管道还可以用空气、蒸汽等介质吹扫。

⑤检查方法：根据试验用的吹洗介质的不同，吹洗的方法也不同，吹洗质量的检查方法也不同；如果用自来水吹洗，则检查方法一般为观察排出口的水色和透明度，如果目测与入口处的水一致，则为合格。

⑥吹洗（扫）检验结果：根据试验过程和检查结果据实填写。

（2）表格练习

①根据施工图，针对科研楼工程的一层的厨房、浴室、卫生间的给水管道，填写设备管道吹洗（扫）记录（见表11-7）一张。

②吹洗（扫）介质为自来水。

③假设验收结果合格。

表 11-7 设备管道吹洗(扫)记录

工程名称			分项工程名称		
验收部位			施工单位		
项目负责人		专业工长		施工班组长	
工作介质			工作温度		
吹洗(扫)介质			检查方法		
吹洗(扫)检验结果:					
施工单位检查评定结果	项目专业质量检查员: 项目专业质量(技术)负责人: 年 月 日				
监理(建设)单位验收结论	监理工程师(建设单位项目技术负责人): 年 月 日				

8)系统通电试验记录

(1)填表说明

①通电时间:根据实际通电时间填写;但是按照规范要求,公用建筑照明系统通电连续试运行的时间不应少于 24 h,民用住宅照明系统通电连续试运行时间不应少于 8 h。

②系统器具名称:为用电器具的名称,可分类填写,如照明灯具、开关、插座等。

③检查情况:根据试验过程和检查结果据实填写。

④问题及处理情况:据实对通电过程中发现的问题及其处理情况进行记录;如果一切正常,则此处可以不填。

⑤结论:根据试验结果据实填写;如果结果合格,可以按"××系统经过××小时的通电试验,结果符合规范和设计要求"模式填写。

(2)表格练习

①根据施工图,针对科研楼工程的照明系统,填写系统通电试验记录(见表11-8)一张。

②假设验收结果合格。

表11-8 系统通电试验记录

工程名称				施工单位		
建设单位				试验日期		
序号	通电时间/h	系统器具名称		数量	检查情况	
问题及处理情况:						
结论						
建设单位		施工单位			监理单位	
现场代表:(签字)		专业技术负责人:(签字)	试验员:(签字)		监理工程师(签字)(注册方章)	
年 月 日		年 月 日	年 月 日		年 月 日	

实训环节四　施工阶段监理资料的编制

单元十二　施工阶段监理资料的编制

一、实训条件

《实训练习册》、普通教室。

二、本单元实训任务

1) 监理会议纪要

(1) 填表注意事项

① 表头部分。

"分部工程"填写召开会议时工程施工阶段部位,或是会议议题指向的分部工程。

"主持人"一般为监理单位的总监理工程师。

"会议地点"一般为施工单位项目经理部办公室。

② "会议主要议题",即准备在本次会议上讨论、研究解决的问题。

③ 签到栏应由参会人员本人按表格内容填写清楚。

④ 表后附经过整理的会议记录或会议纪要。会议纪要对会议议定事项应归纳整理,逐条列出,对会议确定要办理或解决的问题,应明确由谁负责,什么时候完成等,对未能达成一致的问题或暂时不能解决的问题也应列出,留待以后解决。

⑤ 较重要的会议纪要应经有关各方审阅,签字盖章后再发送有关单位,避免发生纠纷。

(2) 表格练习

① 请填写本工程监理会议纪要(见表 12-1)。

② 本次会议于 2014 年 8 月 10 日召开,主要讨论主体结构工程存在质量问题的整改措施,并制订 8 月 15 日的主体结构工程质量验收方案。

③ 施工单位项目经理、技术负责人、施工员和资料员,建设单位项目代表,监理单位总监理工程师和专业监理工程师参加会议。

④ 模拟撰写会议记录内容。

表 12-1 监理会议纪要

工程名称：   编号：

分部工程			主持人	
会议地点			会议日期	
会议主要议题： 附：会议记录内容（ 页）				
签到者	工作单位	职务	联系地址	电话

注：本表一式多份，参加会议单位各留一份，表后附会议纪要内容。

2)监理工程师通知单

(1)填表注意事项

①"事由"应简要写明存在的问题,"内容"应尽可能详细地写明存在何种问题,"要求"应写明如何整改及达到条件。

②本表由监理工程师送交承包单位的技术负责人或项目负责人。要求接受通知方签收表示认可。

③本表与整改复查报审表配套使用。

(2)填表练习

①请填写监理工程师通知单(见表12-2)一份。

②监理工程师 2014 年 3 月 2 日巡视现场时,发现施工现场存在如下安全问题:施工作业层的安全防护网部分绑扎不牢;安全通道未按照规范要求搭设。遂向施工单位发送监理工程师通知单(编号:2014-025),要求施工单位在 3 日内全面检查施工作业层的安全防护网,确保高处作业安全,同时严格按照规范要求搭设安全通道。

表 12-2　监理工程师通知单

工程名称：　　　　　　　　　　　　　　　　　　　　　　　编号：

致：_____（承包单位项目部）
事由：
内容：
要求：
总/专业监理工程师：　　　项目监理机构：(公章)　　　　　　　　年　月　日

注：本表一式三份，建设、承包、监理单位各一份。

3) 整改复查报审表

(1) 填表注意事项

①本表为施工过程中出现质量安全隐患,承包单位对专业监理工程师下达的监理工程师通知单的回复。

②承包单位整改完毕,并自检全部合格后,填写本表。

③项目监理机构在审查确认该表时,要深入现场检查,掌握承包单位整改情况;承包单位是否在要求整改的时限内将整改的内容完成;整改结果是否符合相关规范、标准要求或图纸要求。经确认后,签署其监理复查意见,返还承包单位、建设单位各一份。

(2) 填表练习

①针对监理工程师通知单(2014-025),填写本工程整改复查报审表(见表12-3)。

②施工单位在接到监理工程师通知单后,全面检查安全防护网的绑扎情况,重新绑扎部分绑扎不牢的点,确保防护网100%有效;对照安全通道搭设规范要求,重新搭设不符合要求的部分。

③2014年3月3日整改完毕,经自检发现以上两个问题整改符合要求,遂填写本表,提交监理单位审查。

表 12-3 整改复查报审表

工程名称：_____   编号：_____

致：_____（监理单位）
　　_____号监理工程师通知单的内容完成情况如下（逐条对应写明）：

承包单位项目经理部（章）：_____
项目经理：_____ 日期：_____

项目监理机构签收人姓名及时间		承包单位签收人姓名及时间	

监理审核意见：

项目监理机构（章）：_____

专业监理工程师：_____　总监理工程师：_____　日期：_____

4)建筑材料报审表

(1)填写注意事项

①材料名称应齐全,本表所列各项应填写完整,不得缺漏。

②当材料来源为非生产厂直供时,相应栏内加填产地。

③规格应根据检测报告中的数据准确填写。

④专业监理工程师意见栏中应有明确表态,同意时应将斜线下"不同意"三字用双实线划掉;未填写内容的空白部分用斜杠或横线划去。

⑤专业监理工程师应仔细核查材料出厂质量证明书(合格证)与材料自检和复试报告的相关内容是否一致、齐全。对新材料、新产品,承包单位应报送经有关法定部门鉴定确认的证明文件;对进口材料,承包单位还应报送进口商检证明文件,其质量证明文件即质量合格证书,应该是中文文本(证明文件一般应为原件,如为复印件,需加盖经销部门公章,并注明原件存放处)。

(2)填表练习

①请根据钢筋原材力学性能检测报告(见表12-4),填写一份建筑材料报审表(见表12-5)。

②本批钢筋由四川广汉市钢铁厂生产,共25 t,于2014年1月18日进场。

表 12-4 钢筋原材力学性能检测报告

编号：JD/GL2014-00022

委托单位	四川华隆建筑有限公司		委托编号	JD/2014-00053	
工程名称	××公司科研楼工程		委托日期	2014.1.20	
来样方式	有见证送样		送样人	×××	
钢筋种类	热轧光圆钢筋		见证人	×××	
检测日期	2014.1.20		报告日期	2014.1.21	
依据标准	《钢筋混凝土用钢 第1部分:热轧光圆钢筋》(GB 1499.1—2008)				
	牌号规格	HPB300 10 mm		—	
	生产厂家	—		—	
	进场数量	—		—	
	炉号（批号）	—		—	
	使用部位	科研楼基础、主体		—	
	试件编号	1	2	1	2
屈服强度 /MPa	标准值	≥300	≥300	—	—
	实测值	462	452	—	—
抗拉强度 /MPa	标准值	≥420	≥420	—	—
	实测值	651	646	—	—
伸长率 /(%)	标准值	≥25.0	≥25.0	—	—
	实测值	32.0	30.0	—	—
弯曲试验	弯芯直径/mm	$d=a$	$d=a$	—	—
	弯曲角度	180°	180°	—	—
	弯曲结果	无裂纹	无裂纹	—	—
重量偏差 /(%)	标准值	±7		—	
	实测值	−0.8		—	
结论	该样品所检参数符合《钢筋混凝土用钢 第1部分:热轧光圆钢筋》(GB 1499.1—2008)要求				
备注	—				
声明	检测报告未加盖"CMA章"和"检测资质专用章"无效				

审批：×××　　　　　　　校核：×××　　　　　　　主检：×××

表 12-5　建筑材料报审表

工程名称：　　　　　　　　　　　　　　　　　　　　　　　　　　编号：

致　　　　　　　　　（监理单位）：
　　我方于　　　年　　　月　　　日进场的工程材料如下。现将质量证明文件及自检结果报上。
　　附件：
　　1.材料出厂质量证明书(　　　　份)
　　2.材料自检试验报告(　　　　份)

承包单位项目部:(公章)　　　项目负责人：　　　　　　　　　　　　　　年　月　日

材料名称				
材料来源、厂家				
规格				
本次数量				
使用部位				
专业监理工程师意见（附审查报告）	同意/不同意	同意/不同意	同意/不同意	同意/不同意

专业监理工程师：　　　　　　　　　　　　　　　　　　　　　　　　年　月　日

5)工程质量问题(事故)报告单

(1)填写注意事项

①本表由承包单位填写,项目监理机构签收后建设、承包单位各留一份,重大事故报质监站。

②承包单位应将发生质量问题(事故)的详细经过、原因初步分析、性质、造成的经济损失及人员伤亡情况、补救措施及初步处理意见全面如实地填写。

(2)填表练习

① 请填写本工程的工程质量问题(事故)报告单(见表12-6)一份。

② ××公司科研楼主体完工后进行墙面抹灰,采用某水泥厂生产的32.5水泥,抹灰后1个月相继发现工程墙面抹灰开裂,并迅速发展。开始由墙面一点产生膨胀变形,形成不规则的放射状裂缝,多点裂缝相继贯通,成为典型的龟状裂缝,并且空鼓,实际上抹灰与墙体已产生剥离。

③经过查证,发现本工程所用水泥中氧化镁含量严重超高,致使水泥安定性不合格,施工单位未对水泥进行进场检验就直接使用,因此产生大面积的空鼓开裂。

④最终决定对本工程墙面抹灰全面返工。

⑤本次事故带来经济损失10万元,未造成人员伤亡。

表 12-6 工程质量问题(事故)报告单

工程名称：_____　　　　　　　　　　　　　　　　编号：_____

致_____(监理单位)：

　　_____年_____月_____日_____时在_____工程施工中,发生的工程质量问题(事故)。报告如下：

　　①经过情况及原因的初步分析：

　　②性质：

　　③造成损失及人员伤亡：
　　损失金额　　万元,伤　　人,亡　　人
　　④补救措施及初步处理意见：

　　待进行现场调查后,再另作详细报告,并提出处理方案待审查

承包单位：(公章) 项目负责人： 年　月　日	项目监理机构：(公章) 专业监理工程师： 总监理工程师： 年　月　日
抄报：	

6)工程变更费用申请表

(1)填表注意事项

①本表由承包单位填写,变更理由要充分、属实;变更涉及工程数量增减计算要仔细、正确。

②专业监理工程师应审核该项变更的各项手续是否齐全,变更是否已经总监理工程师审批,同时还应注意审核承包单位是否在工程变更确认后14 d内提出的变更费用报告。若超过此期限,视为该项目不涉及合同价款的变更。

在符合以上条件要求后,专业监理工程师对工程变更概(预)算书进行审核,核对工程款的增减是否准确,最后签署详细意见后报总监理工程师。

③变更项目填写具体变更的分部分项工程内容。

④申请日期即填写表格时间,要求批复时间视变更情况填写。

⑤变更前后工程量的变化,要具体写明变更项目名称、工程量、单位单价和合价信息,说明变更原因及情况和劳动力、主要设备材料及工程增减情况。

(2)填表练习

①请填写本工程工程变更费用申请表(见表12-7)一份。

②因××公司科研楼工程施工图设计的外墙装饰不符合原规划设计方案中的"与办公楼外观协调统一的要求",监理单位下达了工程变更单,对外墙装饰进行了变更。

③外墙装饰变更内容:A轴、①轴外墙采用200 mm×400 mm仿石砖(规格颜色同办公楼)。C轴、⑬轴外墙采用干挂花岗石墙面。

④变更导致的工程量变化如下。

a. 减少仿石涂料墙面面积:1 080 m²。

b. 增加200 mm×400 mm仿石砖面积:530 m²。

c. 增加干挂花岗石墙面面积:550 m²。

⑤外墙装饰变更导致的工程造价变化如下。

a. 减少仿石涂料墙面减少造价:10 476元。

b. 增加200 mm×400 mm仿石砖增加造价:65 678元。

c. 增加干挂花岗石墙面增加造价:825 000元。

表 12-7 工程变更费用申请表

工程名称：　　　　　　　　　　　　　　　　　　　　　　　　　　　　　　　编号：

变更项目									
申请日期				要求批复日期					
变更前后的工程量	项目名称	原设计数量				变更后的数量			
		工程量	单位	单价	合计	工程量	单位	单价	合计
变更情况及理由									
劳动力、主要设备材料及工程增减情况									

填表人：　　　　项目负责人：　　　　　　　　　　　　　　　　　　　　　年　月　日

监理工程师审核意见：

项目监理机构：(公章)　　　　　　　　　　专业监理工程师：　　　年　月　日
　　　　　　　　　　　　　　　　　　　　总监理工程师：　　　　年　月　日

建设单位审定意见：

建设单位：(公章)　　　负责人：　　　　　　　　　　　　　　　　　　年　月　日

注：本表由承包单位填写，一式三份，审核后建设、监理、施工单位各留一份。

7)费用索赔审批表

(1)填表注意事项

①按表所列内容逐项填写:合同条款应填写作为施工单位索赔依据的合同内容的条款号,具体写明条款项;费用索赔申请编号填写施工单位提出的工程费用索赔申请表编号;索赔数额填写施工单位要求数额。

②除了根据合同条款外,还应写明同意或不同意索赔费用的原因,主要应包括索赔理由是否正确,索赔事件有无证据,索赔事件的措施是否得当、申报是否及时等。

③本表应由项目监理机构的项目总监理工程师填写,所列索赔金额的计算,应由各专业监理工程师根据索赔事件调查认可的事实,会同各方协商一致的款额给予认定。

④本表应由专业监理工程师检查无误后,总监理工程师签字,项目监理机构盖章后生效。

(2)填表练习

①填写本工程费用索赔审批表(见表 12-8)一份。

②施工单位在××公司科研楼工程土方开挖施工中,在房屋施工范围内发现大量的砖基础、混凝土柱基础和混凝土垫层。由于该工程在招标时未提供地勘资料,且在招标文件中提供的工程量清单是土方开挖,并未考虑拆除房屋旧基础问题,导致在该工程基坑土石方开挖工程中工程费用的增加。

③经核算,费用变化情况如下。

a. 增加拆除柱基础增加造价:1 215 元。

b. 增加拆除砖基础增加造价:1 355 元。

c. 增加拆除混凝土垫层增加造价:4 658 元。

d. 减少挖土方减少造价:419 元。

表 12-8 费用索赔审批表

工程名称： 编号：

致_____（承包单位项目部）： 　　根据施工合同条款_____的规定，你方提出的_____费用索赔申请（第_____号），索赔（大写）_____，经我方审核评估： 　　□不同意此项索赔。 　　□同意此项索赔，金额为（大写）_____。
附：
同意索赔的理由：
索赔金额的计算：
项目监理机构：（章）　　专业监理工程师：×××　　总监理工程师：×××　　年 月 日

注：本表一式三份，建设、承包、监理单位各留一份。

8) 工程最终延期审批表

(1) 填表注意事项

① 按表所列内容逐项填写,简明扼要;合同条款应填写作为施工单位索赔依据的合同内容的条款号,具体写明条款项;延期申请编号填写施工单位提出的工程临时延期申请表编号;延长工期日历天填写施工单位要求的天数。

② 监理单位从施工单位提出的延长工期要求的合理性和合法性,评估延期事件对工期的影响,判断其是否在关键线路上,延长的天数计算是否正确的角度给出最终意见:同意或者拒绝。

③ 在说明中应就承包单位提出的延长工期事项、程序,按合同的约定,监理工程师做出本决定的实质性理由。

(2) 填表练习

① 填写本工程的工程最终延期审批表(见表12-9)一份。

② 2014年7月10日至7月18日××公司科研楼工程所在地××市罕见出现连续8 h强降雨,导致工程施工暂停。根据××公司科研楼工程施工合同专用条款第13条第1款规定:"连续下雨超过8 h造成工期延误,本合同竣工日期顺延",于2014年7月21日向监理单位提出工程临时延期申请表。

监理单位同意了施工单位的索赔要求,于2014年7月25日填写了工程最终延期审批表。

表 12-9 工程最终延期审批表

工程名称： 编号：

致_____(承包单位项目部)：
　　根据施工合同条款_____的规定，我方对你方提出的_____延期申请(第_____号)要求延长工期_____日历天的要求，经过审核评估：
　　□最终同意工期延长_____日历天。使竣工日期(包括已指令延长的工期)从原来的_____年_____月_____日延长到_____年_____月_____日。请你方执行。
　　□不同意延长工期，请按约定竣工日期组织施工。

说明：

项目监理机构(公章)： 总监理工程师： 年 月 日

注：本表由承包单位填写，一式三份，审核后建设、监理、施工单位各留一份。

实训环节五　施工阶段安全资料的编制

单元十三　施工阶段安全资料的编制

一、实训条件

《实训练习册》、普通教室。

二、本单元实训任务

请根据给出的科研楼项目有关信息,填写一套完整的建筑施工安全检查评分表(见表13-1),并评定等级。

(1)填表注意事项(见表13-2~表13-9)

①填表顺序:先填写各分项检查评分表,后汇总。

②各分项检查评分表中的保证项目和一般项目的评定,采取扣分方式,但扣分不得超过本项目应得满分;分别统计保证项目和一般项目得分,并汇总得到本分项检查评分表得分。

③汇总表中各分项检查评分表的得分计算如下。

a.没有缺项时,计算公式为(分项检查评分表的实际得分×分项检查评分表在汇总表中满分值)/100。例如,安全管理分项检查评分表在汇总表中的满分值为10分,假设其得分为92分,则其在汇总表中的分值为(92×10)/100=9.2分。

b.遇有缺项时,计算公式为[(分项检查评分表的实际得分/应得满分值)×分项检查评分表在汇总表中满分值]/100。例如,基坑工程检查评分表在汇总表中的满分值为10分,在检查中发现本工程无需进行基坑支护变形监测,该项分值为10分,则本表应得满分值为90分;假设本表得分为85分,则其在汇总表中的分值为[(85/90)×10]/100=9.44分。

c.分项检查评分表中的保证项目得分低于40分时,本表得分为0。

④汇总表得分的计算。

a.没有缺项时,将各分项检查评分表的得分相加即为汇总表得分。

b.遇有缺项时,汇总表得分的计算公式为(各分项检查评分表的实际得分之和/应得分之和)×100。例如,某工程未用到物料提升机和施工升降机,则缺此分项检查评分表,本表在汇总表中应得满分值为10分,此时汇总表应得满分为90分。假设汇总表中各分项检查评分表得分之和为82分,则汇总表的得分为(82/90)×100=91.1分。

⑤按照汇总表的总得分和分项检查评分表的得分,对建筑施工安全检查评定等级。

a.当分项检查评分表无零分,且汇总表得分值应在80分及以上时,评定为优良等级。

b.当分项检查评分表无零分,且汇总表得分值应在80分以下,70分及以上时,评定为合格等级。

c.当汇总表得分值不足70分,或者有一分项检查评分表得零分时,评定为不合格。

(2)表格练习

①模拟填写本工程安全检查评分表资料一套。

②已知本工程采用扣件式钢管脚手架,未使用物料提升机或施工升降机。

③其余信息可自行拟定,或由指导老师统一指定。

表 13-1 建筑施工安全检查评分汇总表

企业名称：　　　　　资质等级：　　　　　　　　　　　　　　　　　　　　年　月　日

单位工程（施工现场）名称	建筑面积/m²	结构类型	总计得分（满分分值100分）	项目名称及分值									
				安全管理（满分10分）	文明施工（满分15分）	脚手架（满分10分）	基坑工程（满分10分）	模板支架（满分10分）	高处作业（满分10分）	施工用电（满分10分）	物料提升机与施工升降机（满分10分）	塔式起重机与起重吊装（满分10分）	施工机具（满分5分）

评语：							
检查单位		负责人		受检项目		项目经理	

表 13-2 安全管理检查评分表

序号	检查项目		扣分标准	应得分数	扣减分数	实得分数
1	保证项目	安全生产责任制	安全生产责任制未经责任人签字确认,扣 3 分 未制定各工种安全技术操作规程,扣 10 分 未按规定配备专职安全员,扣 10 分 工程项目部承包合同中未明确安全生产考核指标,扣 8 分 未制定安全资金保障制度,扣 5 分 未编制安全资金使用计划及实施,扣 2~5 分 未制定安全生产管理目标(伤亡控制、安全达标、文明施工),扣 5 分 未进行安全责任目标分解,扣 5 分 未建立安全生产责任制、责任目标考核制度,扣 5 分 未按考核制度对管理人员定期考核,扣 2~5 分	10		
2		施工组织设计	施工组织设计中未制定安全措施,扣 10 分 危险性较大的分部分项工程未编制安全专项施工方案,扣 3~8 分 未按规定对专项方案进行专家论证,扣 10 分 施工组织设计、专项方案未经审批,扣 10 分 安全措施、专项方案无针对性或缺少设计计算,扣 6~8 分 未按方案组织实施,扣 5~10 分	10		
3		安全技术交底	未采取书面安全技术交底,扣 10 分 交底未做到分部分项,扣 5 分 交底内容针对性不强,扣 3~5 分 交底内容不全面,扣 4 分 交底未履行签字手续,扣 2~4 分	10		
4		安全检查	未建立安全检查(定期、季节性)制度,扣 5 分 未留有定期、季节性安全检查记录,扣 5 分 事故隐患的整改未做到定人、定时间、定措施,扣 2~6 分 对重大事故隐患整改通知书所列项目未按期整改和复查,扣 8 分	10		
5		安全教育	未建立安全培训、教育制度,扣 10 分 新入场工人未进行三级安全教育和考核,扣 10 分 未明确具体安全教育内容,扣 6~8 分 变换工种时未进行安全教育,扣 10 分 施工管理人员、专职安全员未按规定进行年度培训考核,扣 5 分	10		

续表

序号	检查项目		扣分标准	应得分数	扣减分数	实得分数
6	保证项目	应急预案	未制定安全生产应急预案,扣10分 未建立应急救援组织、配备救援人员,扣3~6分 未配置应急救援器材,扣5分 未进行应急救援演练,扣5分	10		
	小计			60		
7	一般项目	分包单位安全管理	分包单位资质、资格、分包手续不全或失效,扣10分 未签订安全生产协议书,扣5分 分包合同、安全协议书、签字盖章手续不全,扣2~6分 分包单位未按规定建立安全组织、配备安全员,扣3分	10		
8		特种作业持证上岗	1人未经培训从事特种作业,扣4分 1人特种作业人员资格证书未延期复核,扣4分 1人未持操作证上岗,扣2分	10		
9		生产安全事故处理	生产安全事故未按规定报告,扣3~5分 生产安全事故未按规定进行调查分析处理、制定防范措施,扣10分 未办理工伤保险,扣5分	10		
10		安全标志	主要施工区域、危险部位、设施未按规定悬挂安全标志,扣5分 未绘制现场安全标志布置总平面图,扣5分 未按部位和现场设施的改变调整安全标志设置,扣5分	10		
	小计			40		
	检查项目合计			100		

表 13-3 文明施工检查评分表

序号	检查项目		扣分标准	应得分数	扣减分数	实得分数
1	保证项目	现场围挡	在市区主要路段的工地周围未设置高于 2.5 m 的封闭围挡,扣 10 分 一般路段的工地周围未设置高于 1.8 m 的封闭围挡,扣 10 分 围挡材料不坚固、不稳定、不整洁、不美观,扣 5~7 分 围挡没有沿工地四周连续设置,扣 3~5 分	10		
2		封闭管理	施工现场出入口未设置大门,扣 3 分 未设置门卫室,扣 2 分 未设门卫或未建立门卫制度,扣 3 分 进入施工现场不佩戴工作卡,扣 3 分 施工现场出入口未标有企业名称或标识,且未设置车辆冲洗设施,扣 3 分	10		
3		施工场地	现场主要道路未进行硬化处理,扣 5 分 现场道路不畅通、路面不平整坚实,扣 5 分 现场作业、运输、存放材料等采取的防尘措施不齐全、不合理,扣 5 分 排水设施不齐全或排水不通畅、有积水,扣 4 分 未采取防止泥浆、污水、废水外流或堵塞下水道和排水河道措施,扣 3 分 未设置吸烟处、随意吸烟,扣 2 分 温暖季节未进行绿化布置,扣 3 分	10		
4		现场材料	建筑材料、构件、料具不按总平面布局码放,扣 4 分 材料布局不合理、堆放不整齐、未标明名称和规格,扣 2 分 建筑物内施工垃圾的清运,未采用合理器具或随意凌空抛掷,扣 5 分 未做到工完场清,扣 3 分 易燃易爆物品未采取防护措施或未进行分类存放,扣 4 分	10		
5		现场住宿	在建工程、伙房、库房兼作宿舍,扣 8 分 施工作业区、材料存放区与办公区、生活区不能明显划分,扣 6 分 宿舍未设置可开启式窗户,扣 4 分 未设置床铺、床铺超过 2 层、使用通铺、未设置通道或人员超编,扣 6 分 宿舍未采取保暖和防煤气中毒措施,扣 5 分 宿舍未采取消暑和防蚊蝇措施,扣 5 分 生活用品摆放混乱、环境不卫生,扣 3 分	10		

续表

序号	检查项目		扣分标准	应得分数	扣减分数	实得分数
6	保证项目	现场防火	未制定消防措施、制度或未配备灭火器材,扣10分 现场临时设施的材质和选址不符合环保、消防要求,扣8分 易燃材料随意码放、灭火器材布局、配置不合理或灭火器材失效,扣5分 未设置消防水源(高层建筑)或不能满足消防要求,扣8分 未办理动火审批手续或无动火监护人员,扣5分	10		
	小计			60		
7		治安综合治理	生活区未给作业人员设置学习和娱乐场所,扣4分 未建立治安保卫制度、责任未分解到人,扣3~5分 治安防范措施不利,常发生失窃事件,扣3~5分	8		
8		施工现场标牌	大门口处设置的"五牌一图"内容不全,每缺一项扣2分 标牌不规范、不整齐,扣3分 未张挂安全标语,扣5分 未设置宣传栏、读报栏、黑板报,扣4分	8		
9	一般项目	生活设施	食堂与厕所、垃圾站、有毒有害场所距离较近,扣6分 食堂未办理卫生许可证或未办理炊事人员健康证,扣5分 食堂使用的燃气罐未单独设置存放间或存放间通风条件不好,扣4分 食堂的卫生环境差,未配备排风、冷藏、隔油池、防鼠等设施,扣4分 厕所的数量或布局不满足现场人员需求,扣6分 厕所不符合卫生要求,扣4分 不能保证现场人员卫生饮水,扣8分 未设置淋浴室或淋浴室不能满足现场人员需求,扣4分 未建立卫生责任制度、生活垃圾未装容器或未及时清理,扣3~5分	8		
10		保健急救	现场未制定相应的应急预案,或预案实际操作性差,扣6分 未设置经培训的急救人员或未设置急救器材,扣4分 未开展卫生防病宣传教育,或未提供必备防护用品,扣4分 未设置保健医药箱,扣5分	8		
11		社区服务	夜间未经许可施工,扣8分 施工现场焚烧各类废弃物,扣8分 未采取防粉尘、防噪声、防光污染措施,扣5分 未建立施工不扰民措施,扣5分	8		
	小计			40		
	检查项目合计			100		

表 13-4 扣件式钢管脚手架检查评分表

序号	检查项目		扣分标准	应得分数	扣减分数	实得分数
1	保证项目	施工方案	架体搭设未编制施工方案或搭设高度超过 24 m 未编制专项施工方案,扣 10 分 架体搭设高度超过 24 m,未进行设计计算或未按规定审核、审批,扣 10 分 架体搭设高度超过 50 m,专项施工方案未按规定组织专家论证或未按专家论证意见组织实施,扣 10 分 施工方案不完整或不能指导施工作业,扣 5~8 分	10		
2		立杆基础	立杆基础不平、不实、不符合方案设计要求,扣 10 分 立杆底部底座、垫板或垫板的规格不符合规范要求,每处扣 2 分 未按规范要求设置纵、横向扫地杆,扣 5~10 分 扫地杆的设置和固定不符合规范要求,扣 5 分 未设置排水措施,扣 8 分	10		
3		架体与建筑结构拉结	架体与建筑结构拉结不符合规范要求,每处扣 2 分 连墙件距主节点距离不符合规范要求,每处扣 4 分 架体底层第一步纵向水平杆处未按规定设置连墙件或未采用其他可靠措施固定,每处扣 2 分 搭设高度超过 24 m 的双排脚手架,未采用刚性连墙件与建筑结构可靠连接,扣 10 分	10		
4		杆件间距与剪刀撑	立杆、纵向水平杆、横向水平杆间距超过规范要求,每处扣 2 分 未按规定设置纵向剪刀撑或横向斜撑,每处扣 5 分 剪刀撑未沿脚手架高度连续设置或角度不符合要求,扣 5 分 剪刀撑斜杆的接长或剪刀撑斜杆与架体杆件固定不符合要求,每处扣 2 分	10		
5		脚手板与防护栏杆	脚手板未满铺或铺设不牢、不稳,扣 7~10 分 脚手板规格或材质不符合要求,扣 7~10 分 每有一处探头板,扣 2 分 架体外侧未设置密目式安全网封闭或网间不严,扣 7~10 分 作业层未在高度 1.2 m 和 0.6 m 处设置上、中两道防护栏杆,扣 5 分 作业层未设置高度不小于 180 mm 的挡脚板,扣 5 分	10		

续表

序号	检查项目		扣分标准	应得分数	扣减分数	实得分数
6	保证项目	交底与验收	架体搭设前未进行交底或交底未留有记录,扣5分 架体分段搭设分段使用未办理分段验收,扣5分 架体搭设完毕未办理验收手续,扣10分 未记录量化的验收内容,扣5分	10		
	小计			60		
7		横向水平杆设置	未在立杆与纵向水平杆交点处设置横向水平杆,每处扣2分 未按脚手板铺设的需要增加设置横向水平杆,每处扣2分 双排脚手架横向水平杆只固定一端,每处扣1分 单排脚手架横向水平杆插入墙内小于18 cm,每处扣2分	10		
8		杆件搭接	纵向水平杆搭接长度小于1 m或固定不符合要求,每处扣2分 立杆除顶层顶步外采用搭接,每处扣4分	10		
9		架体防护	作业层未用安全平网双层兜底,或作业层以下每隔10 m未采用安全平网封闭,扣10分 作业层与建筑物之间未进行封闭,扣10分	10		
10		脚手架材质	钢管直径、壁厚、材质不符合要求,扣5分 钢管弯曲、变形、锈蚀严重,扣4~5分 扣件未进行复试或技术性能不符合标准,扣5分	5		
11		通道	未设置人员上下专用通道,扣5分 通道设置不符合要求,扣1~3分	5		
	小计			40		
检查项目合计				100		

表 13-5 基坑支护、土方作业检查评分表

序号	检查项目		扣分标准	应得分数	扣减分数	实得分数
1	保证项目	施工方案	深基坑施工未编制支护方案,扣 20 分 基坑深度超过 5 m 未编制专项支护设计,扣 20 分 开挖深度 3 m 及以上未编制专项方案,扣 20 分 开挖深度 5 m 及以上专项方案未经过专家论证,扣 20 分 支护设计及土方开挖方案未经审批,扣 15 分 施工方案针对性差不能指导施工,扣 12~15 分	20		
2		临边防护	深度超过 2 m 的基坑施工未采取临边防护措施,扣 10 分 临边及其他防护不符合要求,扣 5 分	10		
3		基坑支护及支撑拆除	坑槽开挖设置安全边坡不符合安全要求,扣 10 分 特殊支护的做法不符合设计方案,扣 5~8 分 支护设施已产生局部变形又未采取措施调整,扣 6 分 混凝土支护结构未达到设计强度提前开挖、超挖,扣 10 分 支撑拆除没有拆除方案,扣 10 分 未按拆除方案施工,扣 5~8 分 用专业方法拆除支撑,施工队伍没有专业资质,扣 10 分	10		
4		基坑降排水	高水位地区深基坑内未设置有效降水措施,扣 10 分 深基坑边界周围地面未设置排水沟,扣 10 分 基坑施工未设置有效排水措施,扣 10 分 深基础施工采用坑外降水,未采取防止邻近建筑和管线沉降措施,扣 10 分	10		
5		坑边荷载	积土、料具堆放距槽边距离小于设计规定,扣 10 分 机械设备施工与槽边距离不符合要求且未采取措施,扣 10 分	10		
	小计			60		
6	一般项目	上下通道	人员上下未设置专用通道,扣 10 分 设置的通道不符合要求,扣 6 分	10		
7		土方开挖	施工机械进场未经验收,扣 5 分 挖土机作业时,有人员进入挖土机作业半径内,扣 6 分 挖土机作业位置不牢、不安全,扣 10 分 司机无证作业,扣 10 分 未按规定程序挖土或超挖,扣 10 分	10		
8		基坑支护变形监测	未按规定进行基坑工程监测,扣 10 分 未按规定对毗邻建筑物和重要管线和道路进行沉降观测,扣 10 分	10		
9		作业环境	基坑内作业人员缺少安全作业面,扣 10 分 垂直作业上下未采取隔离防护措施,扣 10 分 光线不足,未设置足够照明,扣 5 分	10		
	小计			40		
	检查项目合计			100		

表 13-6 模板支架检查评分表

序号	检查项目		扣分标准	应得分数	扣减分数	实得分数
1	保证项目	施工方案	未按规定编制专项施工方案或结构设计未经设计计算，扣 15 分 专项施工方案未经审核、审批，扣 15 分 超过一定规模的模板支架，专项施工方案未按规定组织专家论证，扣 15 分 专项施工方案未明确混凝土浇筑方式，扣 10 分	15		
2		立杆基础	立杆基础承载力不符合设计要求，扣 10 分 基础未设排水设施，扣 8 分 立杆底部未设置底座、垫板或垫板规格不符合规范要求，每处扣 3 分	10		
3		支架稳定	支架高宽比大于规定值时，未按规定要求设置连墙杆，扣 15 分 连墙杆设置不符合规范要求，每处扣 5 分 未按规定设置纵、横向及水平剪刀撑，扣 15 分 纵、横向及水平剪刀撑设置不符合规范要求，扣 5~10 分	15		
4		施工荷载	施工均布荷载超过规定值，扣 10 分 施工荷载不均匀，集中荷载超过规定值，扣 10 分	10		
5		交底与验收	支架搭设（拆除）前未进行交底或无交底记录，扣 10 分 支架搭设完毕未办理验收手续，扣 10 分 验收无量化内容，扣 5 分	10		
	小计			60		
6	一般项目	立杆设置	立杆间距不符合设计要求，扣 10 分 立杆未采用对接连接，每处扣 5 分 立杆伸出顶层水平杆中心线至支撑点的长度大于规定值，每处扣 2 分	10		
7		水平杆设置	未按规定设置纵、横向扫地杆或设置不符合规范要求，每处扣 5 分 纵、横向水平杆间距不符合规范要求，每处扣 5 分 纵、横向水平杆件连接不符合规范要求，每处扣 5 分	10		
8		支架拆除	混凝土强度未达到规定值而拆除模板支架，扣 10 分 未按规定设置警戒区或未设置专人监护，扣 8 分	10		
9		支架材质	杆件弯曲、变形、锈蚀超标，扣 10 分 构配件材质不符合规范要求，扣 10 分 钢管壁厚不符合要求，扣 10 分	10		
	小计			40		
	检查项目合计			100		

表 13-7 "三宝、四口"及临边防护检查评分表

序号	检查项目	扣分标准	应得分数	扣减分数	实得分数
1	安全帽	作业人员不戴安全帽,每人扣 2 分 作业人员未按规定佩戴安全帽,每人扣 1 分 安全帽不符合标准,每顶扣 1 分	10		
2	安全网	在建工程外侧未采用密目式安全网封闭或网间不严,扣 10 分 安全网规格、材质不符合要求,扣 10 分	10		
3	安全带	作业人员未系挂安全带,每人扣 5 分 作业人员未按规定系挂安全带,每人扣 3 分 安全带不符合标准,每条扣 2 分	10		
4	临边防护	工作面临边无防护,每处扣 5 分 临边防护不严或不符合规范要求,每处扣 5 分 防护设施未形成定型化、工具化,扣 5 分	10		
5	洞口防护	在建工程的预留洞口、楼梯口、电梯井口未采取防护措施,每处扣 3 分 防护措施、设施不符合要求或不严密,每处扣 3 分 防护设施未形成定型化、工具化,扣 5 分 电梯井内每隔两层(不大于 10 m)未按要求设置安全平网,每处扣 5 分	10		
6	通道口防护	未搭设防护棚或防护不严、不牢固可靠,每处扣 5 分 防护棚两侧未进行防护,每处扣 6 分 防护棚宽度不大于通道口宽度,每处扣 4 分 防护棚长度不符合要求,每处扣 6 分 建筑物高度超过 30 m,防护棚顶未采用双层防护,每处扣 5 分 防护棚的材质不符合要求,每处扣 5 分	10		
7	攀登作业	移动式梯子的梯脚底部垫高使用,每处扣 5 分 折梯使用未设置可靠拉撑装置,每处扣 5 分 梯子的制作质量或材质不符合要求,每处扣 5 分	5		
8	悬空作业	悬空作业处未设置防护栏杆或其他可靠的安全设施,每处扣 5 分 悬空作业所用的索具、吊具、料具等设备,未经过技术鉴定或验证、验收,每处扣 5 分	5		

续表

序号	检查项目	扣分标准	应得分数	扣减分数	实得分数
9	移动式操作平台	操作平台的面积超过 10 m² 或高度超过 5 m,扣 6 分 移动式操作平台,轮子与平台的连接不牢固可靠或立柱底端距离地面超过 80 mm,扣 10 分 操作平台的组装不符合要求,扣 10 分 平台台面铺板不严,扣 10 分 操作平台四周未按规定设置防护栏杆或未设置登高扶梯,扣 10 分 操作平台的材质不符合要求,扣 10 分	10		
10	物料平台	物料平台未编制专项施工方案或未经设计计算,扣 10 分 物料平台搭设不符合专项方案要求,扣 10 分 物料平台支撑架未与工程结构连接或连接不符合要求,扣 8 分 平台台面铺板不严或台面层下方未按要求设置安全平网,扣 10 分 材质不符合要求,扣 10 分 物料平台未在明显处设置限定荷载标牌,扣 3 分	10		
11	悬挑式钢平台	悬挑式钢平台未编制专项施工方案或未经设计计算,扣 10 分 悬挑式钢平台的搁支点与上部拉结点,未设置在建筑物结构上,扣 10 分 斜拉杆或钢丝绳,未按要求在平台两边各设置两道,扣 10 分 钢平台未按要求设置固定的防护栏杆和挡脚板或栏板,扣 10 分 钢平台台面铺板不严,或钢平台与建筑结构之间铺板不严,扣 10 分 平台上未在明显处设置限定荷载标牌,扣 6 分	10		
检查项目合计			100		

表 13-8 施工用电检查评分表

序号	检查项目		扣分标准	应得分数	扣减分数	实得分数
1	保证项目	外电防护	外电线路与在建工程(含脚手架)、高大施工设备、场内机动车道之间小于安全距离且未采取防护措施,扣 10 分 防护设施和绝缘隔离措施不符合规范,扣 5~10 分 在外电架空线路正下方施工、建造临时设施或堆放材料物品,扣 10 分	10		
2		接地与接零保护系统	施工现场专用变压器配电系统未采用 TN-S 接零保护方式,扣 20 分 配电系统未采用同一保护方式,扣 10~20 分 保护零线引出位置不符合规范,扣 10~20 分 保护零线装设开关、熔断器或与工作零线混接,扣 10~20 分 保护零线材质、规格及颜色标记不符合规范,每处扣 3 分 电气设备未接保护零线,每处扣 3 分 工作接地与重复接地的设置和安装不符合规范,扣 10~20 分 工作接地电阻大于 4 Ω,重复接地电阻大于 10 Ω,扣 10~20 分 施工现场防雷措施不符合规范,扣 5~10 分	20		
3		配电线路	线路老化破损、接头处理不当,扣 10 分 线路未设短路、过载保护,扣 5~10 分 线路截面不能满足负荷电流,每处扣 2 分 线路架设或埋设不符合规范,扣 5~10 分 电缆沿地面明敷,扣 10 分 使用四芯电缆外加一根线替代五芯电缆,扣 10 分 电杆、横担、支架不符合要求,每处扣 2 分	10		
4		配电箱与开关箱	配电系统未按"三级配电、二级漏电保护"设置,扣 10~20 分 用电设备违反"一机、一闸、一漏、一箱",每处扣 5 分 配电箱与开关箱结构设计、电气设置不符合规范,扣 10~20 分 总配电箱与开关箱未安装漏电保护器,每处扣 5 分 漏电保护器参数不匹配或失灵,每处扣 3 分 配电箱与开关箱内闸具损坏,每处扣 3 分 配电箱与开关箱进线和出线混乱,每处扣 3 分 配电箱与开关箱内未绘制系统接线图和分路标记,每处扣 3 分 配电箱与开关箱未设门锁、未采取防雨措施,每处扣 3 分 配电箱与开关箱安装位置不当、周围杂物多等不便操作,每处扣 3 分 配电箱与开关箱的距离、开关箱与用电设备的距离不符合规范,每处扣 3 分	20		
小计				60		

续表

序号	检查项目		扣分标准	应得分数	扣减分数	实得分数
5		配电室与配电装置	配电室建筑耐火等级低于3级,扣15分 配电室未配备合格的消防器材,扣3~5分 配电室、配电装置布设不符合规范,扣5~10分 配电装置中的仪表、电器元件设置不符合规范或损坏、失效,扣5~10分 备用发电机组未与外电线路进行连锁,扣15分 配电室未采取防雨雪和小动物侵入的措施,扣10分 配电室未设警示标志、工地供电平面图和系统图,扣3~5分	15		
6	一般项目	现场照明	照明用电与动力用电混用,每处扣3分 特殊场所未使用36 V及以下安全电压,扣15分 手持照明灯未使用36 V以下电源供电,扣10分 照明变压器未使用双绕组安全隔离变压器,扣15分 照明专用回路未安装漏电保护器,每处扣3分 灯具金属外壳未接保护零线,每处扣3分 灯具与地面、易燃物之间的距离小于安全距离,每处扣3分 照明线路接线混乱和安全电压线路接头处未使用绝缘布包扎,扣10分	15		
7		用电档案	未制定专项用电施工组织设计或设计缺乏针对性,扣5~10分 专项用电施工组织设计未履行审批程序,实施后未组织验收,扣5~10分 接地电阻、绝缘电阻和漏电保护器检测记录未填写或填写不真实,扣3分 安全技术交底、设备设施验收记录未填写或填写不真实,扣3分 定期巡视检查、隐患整改记录未填写或填写不真实,扣3分 档案资料不齐全、未设专人管理,扣5分	10		
小计				40		
检查项目合计				100		

表 13-9 施工机具检查评分表

序号	检查项目	扣分标准	应得分数	扣减分数	实得分数
1	平刨	平刨安装后无验收合格手续,扣 3 分 未设置护手安全装置,扣 3 分 传动部位未设置防护罩,扣 3 分 未做保护接零、未设置漏电保护器,每处扣 3 分 未设置安全防护棚,扣 3 分 无人操作时未切断电源,扣 3 分 使用平刨和圆盘锯合用一台电机的多功能木工机具,平刨和圆盘锯两项,扣 12 分	12		
2	圆盘锯	电锯安装后未留有验收合格手续,扣 3 分 未设置锯盘护罩、分料器、防护挡板安全装置和传动部位未进行防护,每缺一项 3 分 未做保护接零、未设置漏电保护器,每处扣 3 分 未设置安全防护棚,扣 3 分 无人操作时未切断电源,扣 3 分	10		
3	手持电动工具	Ⅰ类手持电动工具未采取保护接零或无漏电保护器,扣 8 分 使用Ⅰ类手持电动工具不按规定穿戴绝缘用品,扣 4 分 使用手持电动工具随意接长电源线或更换插头,扣 4 分	8		
4	钢筋机械	机械安装后无验收合格手续,扣 5 分 未做保护接零、未设置漏电保护器,每处扣 5 分 钢筋加工区无防护棚,钢筋对焊作业区未采取防止火花飞溅措施,冷拉作业区未设置防护栏,每处扣 5 分 传动部位未设置防护罩或限位失灵,每处扣 3 分	10		
5	电焊机	电焊机安装后未留有验收合格手续,扣 3 分 未做保护接零、未设置漏电保护器,每处扣 3 分 未设置二次空载降压保护器或无触电保护器,每处扣 3 分 一次线长度超过规定或不穿管保护,扣 3 分 二次线长度超过规定或未采用防水橡皮护套铜芯软电缆,扣 3 分 电源不使用自动开关,扣 2 分 二次线接头超过 3 处或绝缘层老化,每处扣 3 分 电焊机未设置防雨罩、接线柱未设置防护罩,每处扣 3 分	8		

续表

序号	检查项目	扣分标准	应得分数	扣减分数	实得分数
6	搅拌机	搅拌机安装后未留有验收合格手续,扣4分 未做保护接零、未设置漏电保护器,每处扣4分 离合器、制动器、钢丝绳达不到要求,每项扣2分 操作手柄未设置保险装置,扣3分 未设置安全防护棚和作业台不安全,扣4分 上料斗未设置安全挂钩或挂钩不使用,扣3分 传动部位未设置防护罩,扣4分 限位不灵敏,扣4分 作业平台不平稳,扣3分	8		
7	气瓶	氧气瓶未安装减压器,扣5分 各种气瓶未标明标准色标,扣2分 气瓶间距小于5 m、距明火小于10 m又未采取隔离措施,每处扣2分 乙炔瓶使用或存放时平放,扣3分 气瓶存放不符合要求,扣3分 气瓶未设置防震圈和防护帽,每处扣2分	8		
8	翻斗车	翻斗车制动装置不灵敏,扣5分 无证司机驾车,扣5分 行车载人或违章行车,扣5分	8		
9	潜水泵	未做保护接零、未设置漏电保护器,每处扣3分 漏电动作电流大于15 mA、负荷线未使用专用防水橡皮电缆,每处扣3分	6		
10	振捣器具	未使用移动式配电箱,扣4分 电缆长度超过30 m,扣4分 操作人员未穿戴好绝缘防护用品,扣4分	8		
11	桩工机械	机械安装后未留有验收合格手续,扣3分 桩工机械未设置安全保护装置,扣3分 机械行走路线的地耐力不符合说明书要求,扣3分 施工作业未编制方案,扣3分 桩工机械作业违反操作规程,扣3分	6		
12	泵送机械	机械安装后未留有验收合格手续,扣4分 未做保护接零、未设置漏电保护器,每处扣4分 固定式砼输送泵未制作良好的设备基础,扣4分 移动式砼输送泵车未安装在平坦坚实的地坪上,扣4分 机械周围排水不通畅的,扣3分,积灰,扣2分 机械产生的噪声超过《建筑施工场界环境噪声排放标准》(GB 12523—2011)的要求,扣3分 整机不清洁、漏油、漏水,每发现一处扣2分	8		
检查项目合计			100		

参 考 文 献

[1] 上海市建设和管理委员会.建筑地基基础工程施工质量验收规范(GB 50202—2002)[S].北京:中国计划出版社,2002.

[2] 陕西省住房和城乡建设厅.砌体结构工程施工质量验收规范(GB 50203—2011)[S].北京:中国建筑工业出版社,2011.

[3] 四川省建设工程质量安全监督总站.建设工程施工质量验收规范实施指南[M].2版.成都:西南交通大学出版社,2007.

[4] 中国建筑科学研究院.混凝土结构工程施工质量验收规范(GB 50204—2015)[S].北京:中国建筑工业出版社,2015.